# ESPIRITISMO E GENÉTICA

# ESPIRITISMO E GENÉTICA

EURÍPEDES Kühl

FEB

*Copyright* © 2013 *by*
FEDERAÇÃO ESPÍRITA BRASILEIRA – FEB

4ª edição – impressão pequenas tiragens – 8/2024

ISBN 978-85-8485-004-4

Todos os direitos reservados. Nenhuma parte desta publicação pode ser reproduzida, armazenada ou transmitida, total ou parcialmente, por quaisquer métodos ou processos, sem autorização do detentor do *copyright*.

FEDERAÇÃO ESPÍRITA BRASILEIRA – FEB
SGAN 603 – Conjunto F – Avenida L2 Norte
70830-106 – Brasília (DF) – Brasil
www.febeditora.com.br
editorial@febnet.org.br
+55 61 2101 6161

Pedidos de livros à FEB
Comercial
Tel.: (61) 2101 6161 – comercial@febnet.org.br

Adquirindo esta obra, você está colaborando com as ações de assistência e promoção social da FEB e com o Movimento Espírita na divulgação do Evangelho de Jesus à luz do Espiritismo.

Dados Internacionais de Catalogação na Publicação (CIP)
(Federação Espírita Brasileira – Biblioteca de Obras Raras)

| | |
|---|---|
| K96e | Kühl, Eurípedes, 1934– |
| | Espiritismo e genética /Eurípedes Kühl. – 4. ed. – impressão pequenas tiragens – Brasília: FEB, 2024. |
| | 186 p.; 23 cm |
| | Inclui referências |
| | ISBN 978-85-8485-004-4 |
| | 1. Espiritismo. 2. Genética humana – Interpretações espíritas. 3. Ciência e Espiritismo. I. Federação Espírita Brasileira. II. Título. |
| | CDD 133.9 |
| | CDU 133.7 |
| | CDE 30.00.00 |

# SUMÁRIO

Prefácio ............................................... 9
Introdução ........................................... 11
Revisão, atualização e ampliação ............... 15

1 GENÉTICA .................................................. 17
    1.1 Origem ............................................... 17
    1.2 Atuação............................................... 19
    1.3 Microscopia eletrônica ..................... 21
    1.4 DNA..................................................... 21
    1.5 Organismos: formação celular ......... 23
    1.6 Hereditariedade.................................. 24
    1.7 Atualidade: possibilidades ............... 26

2 ESPIRITISMO E GENÉTICA ......................... 29
    2.1 Allan Kardec...................................... 30
    2.2 O Espírito ANDRÉ LUIZ................. 31
    2.3 O Espírito EMMANUEL ................. 32

3 A GENÉTICA E A VIDA .............................. 33
    3.1 *Bebê de proveta* .................................. 37
    3.2 Sexagem............................................... 38
    3.3 Incubadeiras artificiais ..................... 38
    3.4 *Barrigas de aluguel* ............................ 38
    3.5 *Genótipo espiritual* ........................... 39
    3.6 Início da vida ..................................... 39

4 PERISPÍRITO: MATRIZES GENÉTICAS ............ 41
    4.1 Compulsoriedade reencarnatória .... 43
    4.2 Reencarnação e DNA ....................... 46
    4.3 Perispírito – doenças incuráveis,
    sinais cármicos................................... 47
    4.4 Vírus, vibriões, bacilos, germens
    e parasitas (psíquicos) ....................... 49
    4.5 O perispírito, a Biogenética
    e as doenças........................................ 50
    4.6 Comprovante científico
    da reencarnação................................. 52
    4.7 Medicina do futuro ......................... 53

5 TERAPIA DE VIDAS PASSADAS
E FUTURAS ........................................................59
    5.1 Histórico............................................ 59
    5.2 Objetivos da TVP............................. 61
    5.3 A TVP e o Espiritismo ..................... 61
    5.4 Esquecimento do passado................ 61
    5.5 TVP – responsabilidades
    e resultados..........................................64
    5.6 TVP para desencarnados
    (na reunião mediúnica)........................ 64
    5.7 *Eu fui...* ............................................ 66
    5.8 Terapia de Vidas Futuras (TVF) ...... 67

6 A GENÉTICA E A ÉTICA................................ 69
    6.1 Medicina fetal.................................. 73

7 A GENÉTICA E A ESPÉCIE HUMANA.............. 77
    7.1 A História dos genes e da
    espécie humana .................................. 77
    7.2 Espiritismo-Ciência:
    evolução da espécie humana............... 80
    7.3 Eugenia............................................ 83

8 A GENÉTICA E A LEI.................................... 87
    8.1 Brasil................................................ 87
    8.2 Restrições ........................................ 89
    8.3 Anomalia fetal ................................. 89
    8.4 Ações legais em outros países
    relativas a anomalias fetais..................... 91

8.5 Leis humanas ............................ 92
8.6 Leis Divinas............................... 93

## 9 A genética e o catolicismo ............... 95
9.1 Clonagem do ser humano................ 96
9.2 Planejamento familiar ..................... 97
9.3 Métodos contraceptivos.................... 97
9.4 Aborto, eutanásia e tecnologia ......... 98
9.5 Bebê de mãe morta ........................ 98
9.6 Casamento, filiação, paternidade..... 99
9.7 Inseminação artificial e adultério .. 100
9.8 Gravidez pós-menopausa ............... 100

## 10 Do laboratório à mesa (e ao banco) ......................................103
10.1 Transgenia – superalimentos......... 105
10.2 Transgenia na agricultura ............ 106

## 11 Anormalidades................................. 117
11.1 Teratogenia ................................. 117
11.2 Célula pancreática........................ 119
11.3 Nascituros com má formação congênita............................... 119
11.4 Aberrações físicas – causas ........... 121

## 12 Pesquisas ........................................ 123
12.1 Progresso..................................... 123
12.2 Água-viva.................................... 124

## 13 Clonagem ........................................ 129
13.1 Clonagem natural ........................ 129
13.2 Clonagem artificial ...................... 129
13.3 Clonagem de animais ................... 130
13.4 Clonagem de seres humanos?! ..... 132
13.5 Clonagem humana: temeridade! ............................................. 133
13.6 Clonagem terapêutica ................... 134
13.7 A clonagem e o Espiritismo.......... 136

## 14 Embriões congelados........................ 137
14.1 Corpos sem alma ......................... 137
14.2 Réprobos arrependidos................. 138

14.3 Espíritos semimortos............... 139
14.4 Abrigo indevassável............... 139

15 GENÉTICA E REENCARNAÇÃO............... 141
   15.1 Responsabilidade científica.......... 141
   15.2 Planejamentos reencarnatórios.... 142
   15.3 Missão............... 143
   15.4 Provação............... 144
   15.5 Expiação............... 145

16 PROJETO GENOMA HUMANO............... 147
   16.1 Histórico............... 147
   16.2 Genes............... 148
   16.3 Sonhos da Medicina............... 149
   16.4 Futuro do planeta Terra............... 151
   16.5 Devaneios: no terreno da ficção... 151
   16.6 O DNA como auxiliar do Judiciário..153

17 COBAIAS: DISPENSADAS, FINALMENTE?............... 155
   17.1 Histórico............... 155
   17.2 Células imortais............... 156
   17.3 Modelos animais............... 156
   17.4 Animais longe dos laboratórios... 157

18 GENETERAPIA............... 159
   18.1 Pesquisas com seres humanos....... 160
   18.2 Pesquisas com modelos experimentais animais............... 162
   18.3 Animais transgênicos (com genes humanos)............... 163

19 A GENÉTICA E A HOMOSSEXUALIDADE............... 167
   19.1 Origem da homossexualidade...... 168
   19.2 Reflexões fraternais............... 171

20 CONCLUSÃO............... 175

Referências............... 181

# PREFÁCIO

O livro do nosso Eurípedes Kühl não é um tratado sobre Genética. Em sua introdução, plena de sinceridade, mostra páginas bem estruturadas, a fim de que o leitor comum possa alcançar as possibilidades que o campo genético vem oferecendo.

Gostaríamos de dizer que o autor, de forma bem acessível, consegue transmitir, com equilíbrio e ajuste, assunto tão debatido cercado de muitos modelos. Com isso, sempre tem frases adequadas sobre as informações genéticas desenvolvidas no livro.

O trabalho será revestido de cunho científico atualizado, de modo a refletir sensata análise apreciativa, cujas ilações dignificam as letras espíritas em seu aspecto científico, possibilitando respostas que a vida comum acena.

O autor pesquisou diversas correntes de pensamentos, analisando-as e aprimorando ideias, mostrando seus valores quando incorporados na dinâmica estrutural espírita, bem exigente nos dias atuais. Isto porque, acomodar ideias de variadas interpretações é bem difícil pelo constante atrito das diversas correntes do conhecimento, quase sempre envolvidas em preconceitos.

O assunto sobre Genética e Ética é elucidativo, como, também, o capítulo sobre Genética e as raças humanas, cujos dados são preciosos e bem adequados.

A temática do livro desenvolve-se em colorido científico, não influenciada pelas correntes contestadoras, o que determinou que a abordagem do autor fosse cautelosa, embora corajosa, por sua vontade de mostrar os valores que alguns desejam afastar do campo do conhecimento espírita. Possui o mérito de ter arregimentado os assuntos dessa natureza, para o público em geral, apesar da complexidade que investe os mesmos.

É livro para reflexões sobre as correntes que analisam as bases da herança, onde o componente espiritual constitui seu principal alicerce, refletindo-se em sadios coloridos evangélicos.

Estamos no início em que a Ciência busca, nas razões espirituais, seus mais expressivos lastros. O livro que navega nessas correntes, além de ser moderno, possui a condição de autenticidade que todos desejamos, constituindo a grande esperança de ampliação de horizontes que se acham limitados pelo materialismo.

JORGE ANDREA DOS SANTOS
Rio de Janeiro (RJ), agosto de 1995.

## INTRODUÇÃO

Este é apenas um apontamento leigo sobre Biogenética, com enfoques espíritas. Tenho plena noção do quanto posso: pouco!

É pequena, quase nula, minha condição, para passeios intelectuais no altiplano da Ciência. Contudo, socorre-me a infantil história daquele passarinho, cujo comportamento imito, que em incansáveis viagens apanhava água no lago e despejava-a no incêndio na floresta; perguntado se pretendia apagar o fogo, respondeu que apenas estava fazendo a sua parte.

Também sob responsabilidade da consciência, apelo para a intuição (ferramenta tão deslembrada do ser humano), para ousar a presente obra. Sendo pequena minha capacidade em manusear tal prestimosa ferramenta, repito que aqui estou com um apontamento. Um pequeno apontamento, nada mais.

Nossos dias vivem um momento sublime, muito evidenciador de que fazemos parte da Humanidade encarnada em cujo tempo a regeneração planetária bate à porta. Sim: estamos vivenciando a transformação da Terra, sendo a Genética um dos mais evidentes vetores desse empuxo.

Muitos Espíritos, hoje com a roupagem terrena, consolidam de vez sua permanência neste que em breve será o *novo mundo*. Outros, em infeliz escolha, tiram no guichê da própria consciência o passaporte de inexorável transferência para mundos menos felizes, onde estagiarão tempos de dor. Até que, regenerados também, voltem a merecer a bênção da paz.

Posso ser um deles... Em um ou outro caso.

Mundo novo!

Não o descoberto por Colombo.

Também não naquele *Admirável mundo novo*, de Aldous Huxley (1894-1963), escritor inglês, que o publicou em 1932, expondo uma visão sombria do futuro da Humanidade, à luz dos últimos progressos da Ciência. Preconizava, no romance, a criação em laboratório de tipos específicos de pessoas, para funções predeterminadas. Antevisão da clonagem de seres?!

Menos ainda, o descrito pelo ensaísta e também escritor inglês George Orwell (1903-1950), no romance *1984*, publicado em 1949, descrevendo uma sociedade totalitária, onde as mínimas ações e até a expressão facial dos indivíduos são vigiadas.

O *novo mundo* a que me refiro é aquele preconizado por Santo Agostinho — a Terra regenerada —, em mensagem mediúnica em Paris, 1862, constante do capítulo 3, item 19, de *O evangelho segundo o espiritismo*, de Allan Kardec (1804-1869), Codificador do Espiritismo.

Com fervor na alma, sonhos no coração e cautela na razão, procuro expor singelos comentários, neste primeiro passo, sobre a longa jornada que o futuro nos oferta, rumo às sublimes benesses da Engenharia Genética.

Evoluir é lei — Lei Divina! O ser humano é um importante elemento no contexto da evolução universal, pois, evoluindo, caminha para seu alcandorado destino: a angelitude!

Seria imperdoável pretensão considerar estes apontamentos como fruto amadurecido de raciocínios, reflexões, análises, ou mesmo, experiências. Aqui, em termos de Genética, nenhum desses fatores percorreu a rota integral do conhecimento. Nem por pensadores, nem por pesquisadores. Menos ainda, por "ensaístas amadores", entre os quais me incluo.

Será necessário aos leitores relevar o fato de encontrarem neologismos e termos pouco usados, pois é assim que se expressam os especialistas em Biogenética.

Grafias diferentes para um só objeto ou conceito poderão indicar desatenção, mas isso não ocorre: algumas palavras mudam de gênero, segundo quem as pronuncia, ou o órgão literário que as publica. Assim, encontram-se, por exemplo:

- neologismo: sexagem = determinação de sexo;
- dupla grafia: gen/gene; cromossomo/cromossoma; geneterapia/genoterapia; germe/gérmen;
- denominação diferente para um mesmo conceito: inseminação artificial, fecundação assistida, reprodução assistida;
- quantidades: há diferenças entre as diversas citações biológicas quanto às quantidades de células do corpo humano, cujas estimativas apontam para a estonteante quantidade de aproximadamente 10 trilhões (mais de $10^{13}$)[1] de células.

Feitas as ressalvas, impõe-se desde já me curve, pedindo desculpas, com sincera e humilde modéstia, àqueles aos quais roubei tempo de leitura.

Ao escrever estas linhas busquei inspiração na imortal obra do mestre lionês Kardec, a Codificação do Espiritismo, fonte segura para iluminar quaisquer dúvidas do pensamento.

Para mim, a motivação foi trabalhar.

Se antes disse que meu procedimento era semelhante ao de um bravo passarinho, ocorre-me agora que mais pareço "um grão de areia apaixonado por uma estrela". Meu vacilante passo objetiva buscar o entendimento do progresso que nos cerca, em alvíssaras de um mundo melhor.

Vejo a mão de Deus na Genética! Com toda certeza, esta não é uma obra para especialistas, mas sim, para algumas pessoas que talvez nela encontrem respostas-proposições para cruciantes perguntas, quanto ao futuro da Humanidade, e ao seu próprio.

Peço a cada leitor que consulte sua intuição para obter, senão respostas, pelo menos uma indicação relativa às instigantes possibilidades científicas que do Plano Maior estão aportando à Terra.

Antes de finalizar essa já não tão breve introdução cito uma estrofe do imortal Guerra Junqueiro, em Espírito:[2]

---

[1] Nota do autor: Dados extraídos de vários *sites* e da Wikipédia – a enciclopédia livre da internet.
[2] Ver *Os funerais da Santa Sé*, psicografia de América Delgado, 5. ed. Rio de Janeiro: FEB, 1992.

Eu sei que encontrarás inúmeros deslizes,
ao ler o que aqui vai escrito, mas, perdoa.
Amigo! A inspiração é pássaro que voa
tão alto, que nem vê a grima dos juízes.

*Jesus! Mestre complacente, meigo e generoso, inspire-me a lavrar páginas que não se distanciem tanto da sua Luz, quanto me encontro.*

O AUTOR
Ribeirão Preto (SP), julho de 1995.

# REVISÃO, ATUALIZAÇÃO E AMPLIAÇÃO

A Lei do Progresso tem autoria de Deus. Como todas as demais Leis Divinas, é perfeita. Um detalhe nessa Lei que expõe de maneira cristalina o Amor do Criador pela Criação — mundos e seres vivos — é a inexorabilidade da sua aplicação, isto é, o progresso é determinação inescapável, para tudo e para todos.

Graças a Deus!

Nesse parâmetro, de evolução permanente, conquanto sem um sistema cronológico agendado de progresso, a verdade é que o caminhar evolutivo nem sempre é perceptível à vista rápida, mas o tempo, guardião da vida, cedo ou tarde, sem pressa, bem o demonstra.

Cada Espírito é um caminhante na estrada da evolução e o rumo que toma é de exclusiva responsabilidade sua, sendo certo que encontrará à frente aquilo que elegeu como seu objetivo.

Assim é que avançam as descobertas das ciências, e em particular as da Genética, que desde os primórdios da civilização intrigaram mentes investigativas, diante da sublimidade dos antecedentes do nascimento de um bebê.

É com louvor a Deus pelo progresso constante da Genética e com alegria na alma que me disponho a revisar esse livro, buscando atualizá-lo. Citada atualização se faz necessária, mas apenas na parte conceitual da Genética.

Os leitores perceberão que a atual revisão, atualização e ampliação (2015) não alteraram os conceitos espíritas citados nas edições anteriores, os quais se baseiam no abençoado trabalho de Allan Kardec, ao proceder à codificação da Doutrina dos Espíritos e nas obras consagradas do Espiritismo, cujas fontes registrei.

Para a atual revisão, pesquisei na mídia (jornais, revistas e internet) os avanços mais significativos da Biogenética, desde a primeira edição deste livro, em 1996.

Desde então, muitos foram os avanços científicos da Genética, em cujo universo de inovações selecionei aqueles que, em minha opinião, ofertam mais profundas e significativas expectativas de uma vida melhor.

Assim, rogo aos leitores relevarem alguma falha de informação mais atualizada.

À Federação Espírita Brasileira, minha gratidão por mais essa reedição do meu livro.

Aos leitores, encareço mais uma vez relevarem um que outro traço ou passo não devidamente reto das minhas reflexões e andanças de autor, posto que na luminosa estrada da literatura espírita não passo de um andarilho tateante e esforçado palmilhando rumo ao sublime norte que é o Evangelho de Nosso Senhor Jesus Cristo.

Livros, mormente espíritas, são como árvores frutíferas que margeiam ambas as laterais daquela "estrada luminosa", os ensinamentos cristãos sendo seus frutos. Este não passa de uma sementinha que plantei ali.

O AUTOR
Ribeirão Preto (SP), 2015.

# 1 GENÉTICA

## 1.1 Origem

A Genética é a parte da Biologia que estuda as leis de transmissão dos caracteres hereditários nos indivíduos e as propriedades das partículas que garantem essa transmissão — os genes. É, pois, uma das ciências dos fenômenos vitais, tal como a Fisiologia, a Bioquímica e outras.

Assim, devo enfatizar que a Genética não é a Ciência da reprodução, mas da *hereditariedade*.

Talvez seja possível atribuir a origem e paternidade da Genética a um obscuro abade austríaco, professor de Física e de Ciências Naturais, Gregor Mendel (1822–1884). Mendel realizou experiências com ervilhas, lisas e rugosas, cruzando-as por várias gerações, ora com apenas um caráter (lisa ou rugosa), ora com mais (de flores brancas ou coloridas). Ao longo das gerações e em função de novos cruzamentos, catalogou as leis do reaparecimento desses caracteres — *sua transmissão.*

Desde o início das experiências, optou por ervilhas, tendo em vista sua rápida geração. Obteve resultados decisivos. Publicou suas conclusões em 1865, numa revista de pequena tiragem, que as transcreveu em atas da Sociedade de Ciências Naturais. Essa publicação ficou anônima na biblioteca local, pois desde então, e por dezenove anos, Mendel tentou sem sucesso ser promovido a professor de Biologia.

Aqui, a vida desse homem oferta um exemplo de valor moral e grandeza de espírito. Sem se abater por não conquistar o almejado cargo, como também pela total ausência de divulgação dos seus estudos, manteve-se anônimo, nos trabalhos humildes do Mosteiro dos Noviços Agostinhos, na cidade de Brünn, hoje Brno (República Checa), até sua morte. Somente em 1900 é que, acidentalmente, seus trabalhos foram redescobertos, tendo vários autores consagrado as leis fundamentais da Genética, daí por diante denominadas "Leis de Mendel".

Embora os fenômenos da hereditariedade já fossem conhecidos há muito, coube a Mendel estabelecer-lhes sentido preciso, sanando árduos problemas da Biologia. Seus estudos foram conclusivos quanto à transmissão de heranças genéticas, ora dos caracteres paternos, ora dos maternos, ou de ambos, criando os termos *recessividade* e *dominância*.

Até hoje se admiram muitos de como é que tão grande pensador, pesquisador, com tão notável senso científico, pode ser reprovado naquela que seria justamente a Ciência que a ele deve tanto, a Biologia.

Fatos como esse, tão paradoxais, tidos à conta de caprichos do destino, sob o enfoque espírita assumem outra tonalidade: na Espiritualidade, ou mesmo em nova reencarnação, o Espírito Mendel terá incorporado à sua rota de progresso moral vibrante aprendizado relativo à humildade. Só o raciocínio e uma vida anterior, próxima ou distante, em que o orgulho e a vaidade o tenham perdido, justificam tão grande provação.

Atualmente, subordinada à Biologia há a Biologia Molecular, por sua vez englobando as várias áreas da Biogenética:

- Embriologia – estudo científico do desenvolvimento dos organismos, a partir do óvulo fecundado (*ovo*, ou *zigoto*), até sua forma específica perfeita;
- Embriogênese ou Embriogenia – é a realização do programa genético inscrito nos cromossomos do óvulo fecundado;
- Engenharia Genética – conjunto de técnicas que permitem a recombinação, fora do organismo, de cromossomos pertencentes a espécies diferentes;

- Terapia Genética – tratamento de indivíduos, com inserção de genes, mesmo ainda como embrião ou feto, sanando, corrigindo ou amenizando patologias e anomalias diversas.

Na raiz e no progresso de todas essas atividades, será de justiça que esteja também presente um sentimento de gratidão a um singelo abade que cultivava ervilhas.

## 1.2 Atuação

De início, a Genética ocupou-se em estudar, estatisticamente, a transmissão hereditária das partículas mais visíveis dos seres vivos.

Num segundo estágio, dedicou-se, com êxito, a encontrar o suporte material desses caracteres.

No terceiro passo, o interesse concentrou-se nas anomalias e mutações, objetivando duas finalidades:

1) médica: detecção e tratamento precoce das anomalias cromossômicas, ainda no feto humano ou no recém-nascido;
2) inovação evolutiva: busca de uma base racional aos fenômenos biológicos que transcendem a quaisquer recursos.

Progredindo sempre, particularmente com as fantásticas descobertas do Projeto Genoma (tratado no capítulo 16 desta obra), nos fins do século XX e início do XXI, a Genética ampliou enormemente seu leque de atuação na vida humana, ofertando-lhe condições antes imagináveis, não fora, em 1953, a descoberta do DNA (considerada a descoberta do século), a par do avanço da eletrônica, possibilitando o emprego da microscopia em suas pesquisas.

Indeclinável ser grato ao Mestre Jesus que, certamente por Delegação Divina, fez aportar tantas benesses para a Humanidade.

Citarei apenas algumas das novas possibilidades com emprego da Biogenética:

a) ainda na área da Medicina:

- a Genética Médica voltada para a Pediatria, Oncologia, Ortopedia etc., estuda a intervenção de síndromes e doenças hereditárias, as determinadas por mutações genéticas, bem como na análise de características de grupos específicos populacionais;
- aconselhamento médico de casais quanto a riscos para a gravidez;
- pesquisas sobre a utilização do possível emprego de células-tronco no tratamento de variados tipos de doenças;
- pesquisas de doenças genéticas e desenvolvimento de medicamentos e técnicas médicas;
- novas tecnologias na área da saúde, em particular na reprodução humana.

b) na Biotecnologia:
- desenvolvimento de alimentos e animais geneticamente modificados.

Nota: Quanto aos alimentos transgênicos (técnicas de recombinação do DNA das plantas), cumpre destacar que as plantas geneticamente modificadas ganharam o Brasil. Reportagem publicada no jornal *Folha de S. Paulo* de 4 de abril de 2015, noticia que atualmente, mais de 80% do milho plantado no país é transgênico. No caso da soja, o valor ultrapassa 90%. Há dez anos, nem sequer existia milho transgênico aprovado no país. A EMBRAPA (Empresa Brasileira de Pesquisa Agropecuária) está incorporando tecnologias que vão tornar a agricultura brasileira mais capaz de suportar as mudanças de disponibilidade de água: plantas com ciclos mais curtos.

(Mais detalhes sobre a transgenia no capítulo 20 desta obra).

- na Produção: Genética forense; cultivo, criação e comercialização de espécies animais e vegetais nativas, exóticas e domesticadas; células, tecidos, órgãos e organismos.

c) na Saúde: análises genéticas; análises clínicas; controle biológico de vetores e pragas; controle de qualidade dos alimentos; controle de qualidade da água; controle de zoonoses; vigilância sanitária;

d) na Educação: docência no ensino formal (escolas do ensino fundamental, médio e superior) e não formal (museus, parques, hotéis etc.).

## 1.3 Microscopia eletrônica

As fantásticas possibilidades proporcionadas pelo microscópio eletrônico (inventado em 1931) possibilitaram a descoberta das estruturas dos seres vivos formadas por macrocélulas, dando origem à Biologia Molecular e à Genética Experimental.

Em 1953, viria a ocorrer aquela que talvez possa ser considerada "a descoberta do século": a estrutura helicoidal do DNA (do nome inglês, *deoxyribosenucleic acid*, ácido desoxirribonucleico), como sendo o suporte à informação genética. Ao ficar demonstrado como se duplica a molécula do DNA, James Dewey Watson, biólogo norte-americano e seu colega, o biofísico inglês Francis H. C. Crick, explicaram o mecanismo por meio do qual esse ácido fornece o código genético, que dirige o desenvolvimento e o metabolismo de toda célula viva. Por seu trabalho, os dois cientistas ganharam o Prêmio Nobel de 1962 de Fisiologia e Medicina.

## 1.4 DNA

É uma substância química, constituída por dois cordões, entrelaçados, lembrando uma longa escada em espiral, formando o que Watson e Crick denominaram *dupla hélice*. O principal papel do DNA é armazenar as informações necessárias para a construção das proteínas e RNA (ácido ribonucleico). Ele está presente em todas as células, as quais necessitam de proteína para sobreviverem e se reproduzirem, suprimento esse que é proporcionado pelo DNA, através da dissociação em RNA. Ora "mensageiro", ora "transportador", O RNA – mensageiro leva informações às células, as quais recebem do RNA – transportador os aminoácidos que se ajustam à sequência necessária à constituição da proteína adequada. Sabe-se que o corpo sadio possui cerca de 60 mil proteínas, as quais têm sua planta codificada pelo DNA.

Nesse ponto é que entra em função o maravilhoso sistema enzimático do nosso organismo, sanando as alterações estruturais proteicas que ocorrem a todo instante. Sem essas correções, tal acúmulo inviabilizaria a saúde, a vida e a própria evolução das espécies.

Por que a evolução?

Porque se houvesse perfeição no sistema enzimático não haveria diversidade, vetor universal evolutivo.

Há importantes diferenças e semelhanças entre as espécies, quanto ao mecanismo de reparo do DNA. Isso explica por que uma substância pode ser danosa numa espécie e não em outra. Como exemplo, lembro o caso da popular aspirina, que causa defeitos congênitos em coelhos, porém não na mulher, e ainda porque a talidomida produz catastróficos defeitos na gestação. Outro exemplo, mais simples ainda, é o caso do iodo, que para os gatos pode ser prejudicial.

Ainda sobre nosso sistema de defesa por meio das enzimas, que catalisam as proteínas, convém mencionar a assombrosa magnitude sob sua responsabilidade:

- responde esse sistema pela manutenção de DNAs dos nossos trilhões de células, com bilhões de bases por célula, que sofrem na ordem de quatrilhões de ciclos de divisão durante a vida normal. Tudo louva a grandeza do Criador! O DNA foi cientificamente descrito como sendo a fita química de todas as etapas das nossas vidas:
- doenças genéticas quais tempo de surgimento, gravidade, duração, periodicidade etc.;
- características físicas;
- deficiências físicas.

O DNA tem toda a informação hereditária codificada (que passa para seus descendentes) no organismo de um indivíduo (Genoma). Sequenciar um genoma é determinar a ordem que as bases (chamadas letras) contidas no DNA se encontram nesse genoma, aí se incluindo as informações (os genes). Tal sequenciamento possibilita comparar a semelhança entre diferentes DNAs. Além disso, resultam novos métodos de diagnósticos, na formulação de novos medicamentos, vacinas e prevenção e tratamentos mais eficazes contra doenças ou pragas.

Normalmente, a identificação genética é realizada pela análise do DNA nuclear. Porém, um outro tipo de DNA pode ser analisado (o DNA mitocondrial – mtDNA).

O mtDNA apresenta um padrão de herança materna, ou seja, a sequência é idêntica para todos os familiares por parte de mãe (herança matrilinear). Pode ser usado para identificar pessoas desaparecidas, através de análise por comparação com parentes.

É útil, também, na identificação de materiais muito antigos ou em avançado grau de decomposição. A análise do mtDNA tem ajudado a solucionar diversos casos na genética forense, sendo utilizada com sucesso por laboratórios dos EUA e Europa.

É quase infinita a utilização do DNA, sendo que as pesquisas objetivam prioritariamente melhor qualidade de vida para o ser humano.

A Ciência e os cientistas, ante as descobertas naturais do fantástico leque de utilidade e de informações contidos nos DNA e mtDNA, cada vez mais reconhecem a grandeza do Criador, tamanha e tanta é a Sabedoria incomparável de Deus.

## 1.5 Organismos: formação celular

Todos os seres vivos possuem organismo próprio a cada espécie, formado por órgãos agrupados em sistemas, harmonicamente interrelacionados e que se interagem.

Cada órgão é formado por células específicas, que variam de tamanho e de formato, de acordo com a função que desempenham. Na maioria, as células são pequenas, sendo vistas apenas com auxílio de microscópio. Seu interior só teve as estruturas vistas após o advento do microscópio eletrônico.

Cada ser humano, em média, é formado por 10 trilhões de células, como já disse.

No núcleo de cada célula estão os cromossomos, em número de 46, agrupados em 23 pares; em cada par de cromossomos, um vem do pai e outro da mãe; os cromossomos, por sua vez, são compostos de cordões helicoidais de DNA; genes são segmentos do DNA que arquivam instruções para fabricar proteínas — os tijolos de construção da vida. Os genes determinam as características físicas dos indivíduos, transmitidas de geração a geração.

Os cromossomos, formados por longas cadeias de DNA, decidem a cor dos olhos e cabelos, estatura, estrutura física etc. Eventuais anomalias dos cromossomos respondem pelas anormalidades orgânicas, tais como o mongolismo, hermafroditismo, e outras.

## 1.6 HEREDITARIEDADE

A hereditariedade é um conceito biológico. Confunde-se herança genética com herança material: nesta, os filhos herdam dos pais fazendas, casas, carros, joias etc. (produtos acabados); naquela, os pais dão gametas aos filhos, uma espécie de bússola que orientar-lhes-á o desenvolvimento e a formação biológica. Os gametas, em síntese, contêm os genes, o chamado *genótipo*, agente coordenador pós-fecundação.

Em outras palavras: pais não dão cérebro, olhos ou nariz aos filhos, mas sim, coordenadas gênicas para formá-los.

A manifestação visível dos caracteres herdados (genotípicos), expressa como esses caracteres se desenvolveram, em face das circunstâncias e do meio: tal é o *fenótipo*. A informação gênica hereditária pode ser suprimida em decorrência dos fatores ambientais, passando por processo de seleção natural e adaptação, mas isso em longo prazo, seja pelo funcionamento dos órgãos, seja pela forma como o indivíduo se comporta.

Pode-se inferir disso que dois indivíduos, gêmeos ou não, dificilmente apresentarão as mesmas características fenotípicas, pela quase impossibilidade de serem iguais o meio e as circunstâncias de vida de ambos.

O genótipo, constelação de genes que todos temos, embora congregue a forma como iremos nos estruturar, ao longo da vida, não poderá impedir desvios ou atalhos em nossa via evolutiva, causados por nutrientes e meio ambiente, os mais diversos, onde estagiaremos.

Não padece dúvida de que, em razão de determinada circunstância, os indivíduos mudam de aparência e de estado funcional. Essa característica biológica cambial põe a descoberto o quanto é dinâmico o genótipo, constituindo-se em verdadeira biografia de cada um de nós, com registro fiel do que ou como poderíamos ser e daquilo que na verdade somos.

Se no pós-natal o pai e a mãe influenciarão o filho, formando o arquétipo cultural do seu futuro, há que se considerar que no pré-natal somente a mãe coopera quanto ao ambiente. Simplificando: os filhos recebem dos pais o genótipo (conjunto de genes, formado pelos gametas, a partir dos quais o indivíduo é formado); o ambiente onde o ser formado se desenvolverá (via fenotípica) é o que, em hereditariedade denomina-se de *herança cultural*.

Por outro lado, podem os descendentes ocultar ou manifestar as características herdadas, inscritas no material genético, mais precisamente pela expressão gênica dos cromossomos (molécula portadora dos caracteres biológicos de um ser vivo ou até mesmo um vírus).

No caso de não expressar a característica, não significa dizer que foi apagado do genoma (conjunto de cromossomos de uma espécie), típico da população, ou seja, um indivíduo portador de um genótipo qualquer, mesmo tendo seu gene inativo, transmite aos seus descendentes um fenótipo que ficou escondido na geração parental.

Isso ocorre com frequência em animais e plantas. Nos seres humanos é mais nítido quando observamos aspectos físicos superficiais como: a pigmentação da pele ou dos olhos. Assim, pais com olhos castanhos, podem ter filhos com olhos claros, verdes ou azuis.

Se no passado (fins do século XIX e início do século XX), em errônea atitude, as doenças físicas e mentais eram debitadas pelos geneticistas de plantão à hereditariedade paterna, hoje a Biologia moderna desmistificou-a. A variação ambiental (fenotípica) influenciará a variabilidade genotípica, disso resultando cada vez maior número de indivíduos com normalidade orgânica.

Nossa era, com a ação emergente da Engenharia Genética melhorando o genoma, caminha para o provável rareamento de doenças, quando não, seu integral banimento do panorama terrestre. E isso não apenas em homens, mas também, em animais e vegetais! O aumento progressivo da expectativa de vida humana e dos animais também demonstra o valor da Biogenética. Contudo, para mim, muito mais importante é a compreensão do imenso amor de Deus pela Humanidade, delegando a Espíritos elevados a tarefa missionária do aporte na Terra de mais essa bênção.

## 1.7 Atualidade: possibilidades

A Genética já chegou. Assim como na Informática, a cada hora, em algum lugar do mundo, alguém sedimenta mais um tijolo na sua grandiosa construção científica. As possibilidades da Engenharia Genética são inimagináveis. Vejamos algumas:

a) Existentes
- reprodução assistida;
- gestação pós-menopausa;
- fecundação *in vitro*;
- clonagem de animais;
- clonagem de seres humanos;
- geneterapia fetal;
- nascimento de bebê cuja mãe já morreu há mais de um ano;
- cura de paciente com medula de irmão que ainda nem foi gerado;
- escolha de sexo, pelos pais, para futuros filhos;
- mudança de sexo em animais;
- plantações indenes a pragas;
- alimentos (grãos) aditivados com proteínas de outras espécies;
- diagnóstico precoce, no bebê (adaptação do *teste do pezinho*[3]), de predisposição ao câncer, em especial ao tumor (raro) de córtex adrenal (na glândula adrenal, acima do rim, que aparece em crianças e jovens de até 15 anos);

---
[3] Nota do autor: Exame laboratorial, chamado também de triagem neonatal, que detecta precocemente doenças metabólicas, genéticas e infecciosas, que poderão causar alterações no desenvolvimento neuropsicomotor do bebê. Esse exame é realizado com a coleta de sangue, feita a partir de um furinho no calcanhar do bebê. Dados extraídos da Wikipédia – a enciclopédia livre da internet.

- diagnóstico de doenças que irromperão muitos anos mais tarde;

b) Futuras
- diagnóstico, no bebê, de tendências e comportamentos quando for adulto;
- nascimento sem gestação em útero;
- nascimento de bebês de pais mortos há anos;
- cura das cerca de 3,5 mil doenças genéticas;
- transplantes de órgãos de animais transgênicos (sem rejeição);
- erradicação da fome na Terra.

Na Genética, a questão crucial não é o que pode ser feito. É preciso definir o que deve ser feito. Responsabilidade, bom senso e ética, são fatores indispensáveis ao acerto e que jamais poderão ser excluídos de qualquer processo biogenético.

— Há um indicador mundial de onde encontrá-los reunidos e de forma que sejam aceitos por todos?

— Sim, bom senso e respeito à vida e a Deus!

— Onde encontrar esse indicador?

— No Evangelho de Nosso Senhor Jesus Cristo!

# 2 ESPIRITISMO E GENÉTICA

Em assunto de tal transcendência — Genética —, o Espiritismo não haveria de estar ausente, como fazem prova as diversas citações já feitas, linhas atrás. É vasta a participação espírita sobre o tema, o que não surpreende, posto que na codificação do Espiritismo, via Kardec, um estupendo alicerce foi feito para toda a questão da problemática humana — passado, presente e futuro!

Desde a Codificação, a Humanidade vem recebendo opiniões e proposições dos Espíritos protetores, todos enaltecendo os progressos científicos. Manifestam-se com a prudência costumeira ante opiniões contrárias e o elevado respeito que sempre dispensaram à Ciência. Relativamente à Genética, abnegados orientadores, que por sua evolução vislumbram a vida e suas decorrências de um patamar mais favorável, dão-nos sugestões amigas, todas de ordem moral.

O tempo, no caminhar inexorável que é do seu destino, conduziu o Espírito humano de um século para o seguinte; no século XIX instalou um farol no mundo, pelas mãos de Kardec, devidamente orientado por Construtores celestiais; desde o século XX, aqui e ali vem acendendo luzes, em cérebros de cientistas naturalmente convocados à grande obra da regeneração planetária. Algumas dessas luzes estão se acendendo nos laboratórios, porém, à medida que a Ciência avança, passando a transitar pela Engenharia Genética, do Plano Maior chegam incessantes alertas, quanto ao cuidado devido com a manipulação das bênçãos que Deus derrama sobre a Terra.

Auguro que o século XXI — o nosso século — seja aquele que promova o casamento entre a Ciência e o Espiritismo, em benefício de todos os habitantes da Terra. Pois, em nenhuma outra Filosofia humana são encontradas orientações tão firmes e altamente espiritualizadas, no tocante à Genética, em particular, quanto na Doutrina dos Espíritos.

Se nos capítulos anteriores já citei algumas, menciono agora mais algumas dessas diretrizes, todas emolduradas pelo Evangelho de Nosso Senhor Jesus Cristo.

## 2.1 ALLAN KARDEC

a) Ciência e Religião

*A gênese*, capítulo 4, itens 9 e 10:

> [...] *A Ciência tem por missão descobrir as Leis da Natureza.* [...] *Se a Religião se nega a avançar com a Ciência, esta avançará sozinha.* Somente as religiões estacionárias podem temer as descobertas da Ciência. [...] *Uma religião que não estivesse, por nenhum ponto, em contradição com as Leis da Natureza, nada teria que temer do progresso e seria invulnerável* (grifo do original).

b) Descobertas da Ciência

*O livro dos espíritos*:

> Questão 19: *Não pode o homem, pelas investigações científicas, penetrar alguns dos segredos da Natureza?*
>
> "A Ciência lhe foi dada para seu adiantamento em todas as coisas; ele, porém, não pode ultrapassar os limites que Deus estabeleceu".
>
> Questão 20: *Dado é ao homem receber, sem ser por meio das investigações da Ciência, comunicações de ordem mais elevada acerca do que lhe escapa ao testemunho dos sentidos?*

"Sim, se o julgar conveniente, Deus pode revelar o que à Ciência não é dado apreender".

*A gênese*, capítulo 1, item 55: "[...] *As descobertas que a Ciência realiza, longe de o rebaixarem, glorificam a Deus; unicamente destroem o que os homens edificaram sobre as falsas ideias que formaram de Deus* " (grifo do original).

Repetindo o que já mencionei: "[...] *Caminhando de par com o progresso, o Espiritismo jamais será ultrapassado, porque, se novas descobertas lhe demonstrassem estar em erro acerca de um ponto qualquer, ele se modificaria nesse ponto. Se uma verdade nova se revelar, ele a aceitará*" (grifo do original).

Essas declarações, humildes, porém categóricas, de Allan Kardec, isentam por completo a Doutrina Espírita de quaisquer tendências ao absolutismo.

c) Espiritismo experimental

*A gênese*, capítulo 1, itens 39 e 40:

[...] O perispírito representa importantíssimo papel no organismo e numa multidão de afecções, que se ligam à Fisiologia, assim como à Psicologia.

O estudo das propriedades do perispírito, dos fluidos espirituais e dos atributos fisiológicos da alma abre novos horizontes à Ciência e dá a chave de uma multidão de fenômenos incompreendidos até então, por falta de conhecimento da lei que os rege — fenômenos negados pelo materialismo, por se prenderem à espiritualidade [...].

## 2.2 O Espírito ANDRÉ LUIZ

No ano de 1945, com a 1ª edição do livro *Missionários da luz*, esse admirável Espírito repassou preciosidades informativas, pela psicografia, abnegação e valor mediúnico de Chico Xavier. Com efeito, André trouxe (em primeira mão, segundo meus humildes conhecimentos espíritas) detalhada operação no campo da Biologia molecular, já descrita nesta obra, no capítulo *A Genética e a Vida*.

## 2.3 O Espírito EMMANUEL

*O consolador*, questões 35 a 38:

A Genética subordina-se a agentes psíquicos movimentados, muitas vezes, por Espíritos missionários, com funções de profundo alcance quanto à vida.

Melhorar o homem físico, a Natureza o faz permanentemente, por meio de seleção natural, no que a Genética deve segui-la. Porém, melhor serviço prestará a Genética se dedicar-se à investigação das causas espirituais, quando opinar por melhoria orgânica de algum indivíduo. Do contrário, se apenas preocupar-se com a forma, será perigosa ferramenta de eugenia, que poderá ser manipulada por mãos nem sempre voltadas para o bem.

Inserção de genes combinados no indivíduo, para equipá-lo de vocações ou certas faculdades, não produzirá mais do que efeitos de superfície, talvez apenas em laboratórios, pois no âmago da questão, estão as provas e o grau evolutivo desse mesmo indivíduo.

As leis de Mendel, conquanto notáveis, não são completas, pois ainda se deparam com fenômenos inexplicáveis. Quanto mais decrescente a escala de valores dos reinos da Natureza, mais êxito obterá a Genética. No homem, porém, há o princípio espiritual e a evolução psíquica, demandando à Genética maiores e mais profundas pesquisas.

Tenho profunda admiração ao verificar que tais informações chegaram à Terra em 1940 (1ª ed. de *O consolador*).

Atualmente, em face dos adiantados avanços da Biogenética, deduzo que os mensageiros de Jesus previam esse progresso humano. Por antecipação, exercitando o mais cristalino ângulo da bondade, consignaram repetidos conselhos e alertas. Sabiam o que dizer, o que recomendar, o que deveria ser evitado, posto que eles próprios de há muito traziam, como trazem, altos conhecimentos sobre Genética.

No Novo Testamento, enunciou Paulo, em sua *I Epístola aos coríntios* (10:23): "Todas as coisas me são lícitas, mas nem todas convêm; todas as coisas me são lícitas, mas nem todas as coisas edificam".

O Apóstolo dos gentios, nessas suas reflexões, certamente teve a intenção de reafirmar o sentimento íntimo que lhe ia pela alma, ante o alerta de Jesus, registrado por *Mateus*, 16:26: "Que aproveitará o homem se ganhar o mundo inteiro e perder a sua alma?".

# 3 A GENÉTICA E A VIDA

Uma questão transcendental: "Qual o instante exato em que a vida passa a existir?" Responderam:

a) Conselho da Europa (vinculado à Comunidade Econômica Europeia):
- Desde o momento em que o espermatozoide fecunda o óvulo, aquela diminuta célula já é uma pessoa, portanto, intocável;

b) Conselho Nacional de Saúde (Brasil):
- O nascimento vivo é a expulsão ou extração completa do produto da concepção quando, após a separação, respire e tenha batimentos cardíacos, tendo sido ou não cortado o cordão, esteja ou não desprendida a placenta;

c) Um grupo de especialistas em embriologia humana, em Roma, em 1990:
- Até o décimo quarto dia após a fecundação, o embrião não tem vida pessoal e não pode ser considerado uma pessoa.

Obs.: O grupo era formado por 60 biólogos, médicos, juristas e filósofos; entre eles estava a italiana Rita Levi Montalcini, Prêmio Nobel de Medicina/1986. (Fonte: *Jornal da USP*, 24 a 30 de outubro de 1994).

d) Estudiosos do aborto (três grupos):
- 1º grupo: Todo ser que tem um código genético é uma pessoa. Assim, com o genótipo (constituição hereditária) presente no instante da fertilização, o indivíduo é humano desde a concepção;
- 2º grupo: Para um indivíduo ser considerado pessoa há necessidade de certo desenvolvimento. Essa necessidade pode ser reconhecida como a interação entre o genótipo e o meio ambiente;
- 3º grupo: É da sociedade a responsabilidade em definir o início da vida. Para defini-lo, a sociedade ajuizará os problemas que poderão advir, estabelecendo normas sociais. As consequências dessa definição, social, dirão *quando* e *se* o feto é pessoa.

e) O Senado francês:
- Em janeiro de 1994 decidiu, em votação, não reconhecer embriões como "seres humanos em potencial". A decisão evitou reabertura do debate sobre o aborto no país, legalizado há dezoito anos. Talvez para atenuar a controvérsia sobre o aborto, o Senado, a seguir, aprovou leis rigorosas sobre experimentos com embriões. (*Folha de S. Paulo*, 21 de janeiro de 1994).

f) Igreja Católica Apostólica Romana:
- Modernamente, em oposição às suas próprias concepções antigas, considera que a pessoa existe desde a fecundação. Assim, ao postular que a vida humana começa desde a concepção, não pode prová-lo; contudo, não há como ser demonstrado que esta não seja a realidade.

g) Outras religiões
- Algumas religiões aceitam os seguintes prazos, a partir da fecundação, antes de considerar como crime algum procedimento contra o ser humano:
- Judaísmo – 40 dias;
- Islamismo – 120 dias;
- Xintoísmo e Budismo – são defensoras de qualquer forma de vida; aparentemente, não definem o início da vida humana.

h) O Espiritismo:
*O livro dos espíritos*, Allan Kardec, 1857:

Questão 334: *Há predestinação na união da alma com tal ou tal corpo, ou só à última hora é feita a escolha do corpo que ela tomará?*

"O Espírito é sempre, de antemão, designado. Tendo escolhido a prova a que queira submeter-se, pede para encarnar. Ora, Deus, que tudo sabe e vê, já antecipadamente sabia e vira que tal Espírito se uniria a tal corpo" (Aqui, o acaso é sumariamente eliminado).

Questão 344: *Em que momento a alma se une ao corpo?*

"A união começa na concepção, mas só é completa por ocasião do nascimento. Desde o instante da concepção, o Espírito designado para habitar certo corpo a este se liga por um laço fluídico, que cada vez mais se vai apertando até o instante em que a criança vê a luz. O grito que o recém-nascido solta anuncia que ele se conta no número dos vivos e dos servos de Deus".

Questão 356: *Entre os natimortos alguns haverá que não tenham sido destinados à encarnação de Espíritos?*

"Alguns há, efetivamente, a cujos corpos nunca nenhum Espírito esteve destinado. Nada tinha que se efetuar para eles. Tais crianças então só vêm por seus pais".

Questão 358: *Constitui crime a provocação do aborto, em qualquer período da gestação?*

"Há crime sempre que transgredis a Lei de Deus. Uma mãe, ou quem quer que seja, cometerá crime sempre que tirar a vida a uma criança antes do seu nascimento, por isso que impede uma alma de passar pelas provas a que serviria de instrumento o corpo que se estava formando".

O Espírito André Luiz, em *Missionários da luz*, capítulos 13 – *Reencarnação* e 14 – *Proteção*, pela incomparável mediunidade do saudoso Chico Xavier, descreve minuciosamente como se processa a reencarnação, exemplificando um caso de "fecundação assistida" por construtores espirituais.

Vê-se ali como os construtores espirituais agem, selecionando, dentre milhões, o espermatozoide que vai unir-se ao óvulo. A narração é de incomparável sublimidade e poesia, posto que o próprio momento da fecundação já o é também.

É um instante de amor, aquele em que o filho se une à mãe, "como a flor se une à haste", quando passa a ser alma da própria alma, aquele que será carne da própria carne.

Detalhadamente, a reencarnação é mostrada como se processa, nos dois planos — espiritual e material: horas após a relação sexual, opera-se a fecundação, supervisionada por entidades espirituais elevadas. O mapa cromossômico é detidamente analisado e os genes localizados com normalidade. A célula-ovo, microscópica, desdobra-se em mapas, deixando à mostra a geografia dos genes da hereditariedade.

Notável, para este estudo, é a observância fiel do dimensionamento e enquadramento da fecundação, nos imortais parâmetros da Justiça Divina, contidos nos sábios postulados da reencarnação. Indissociáveis no processo, as matrizes morais impressas no Espírito reencarnante merecem a mais profunda análise e consideração, para que o corpo físico se adeque à Lei de Causa e Efeito.

Acrescentando informações, diz um dos assistentes espirituais (Apuleio):

- futuro da Biogenética: na reencarnação, quanto ao fenômeno da adaptação das energias criativas, no útero materno, havia

- necessidade de aguardar mais algum tempo, antes de certas informações serem ministradas aos homens encarnados;
- com o tempo, as experiências relativas à ambientação do feto no útero seriam conjugadas entre os dois planos — do espiritual para o material;
- a fecundação natural sempre se processa por "sintonia magnética" entre as células feminina (óvulo) e masculina (espermatozoide), e não por excelência (superioridade) de um ou do outro;
- para determinado programa reencarnatório, objetivando objetivos especiais, autoridades da esfera espiritual (geneticistas espirituais?) intervêm na lei biogenética, observados determinados limites que lhes são impostos.

A feliz obra de André Luiz está completando 69 anos em 2014.

Não é preciso muito esforço, nem muita análise, para crer que no Plano Espiritual, de há muito e muito tempo, há Ciência e cientistas egressos de escolas estupendamente bem equipadas. Ao saber, aliam, esses especialistas da reencarnação, bondade e justiça, utilizando visão espiritual abrangente — passado, presente e futuro — da existência do Espírito a reencarnar.

Esse capítulo, muito instrutivo para quantos sejam apreciadores ou estudiosos da literatura espiritualista, põe a descoberto alguns detalhes de como se processa a "Engenharia Genética espiritual".

Conquanto desnecessário, confirma-se, assim, para quantos tenham "olhos de ver e ouvidos de ouvir", que o *material* é sempre cópia do *espiritual*. Imperfeita cópia, na verdade, mas sempre alvissareira.

## 3.1 Bebê de proveta

Diante do que acima citei, o *bebê de proveta* arremessa os envolvidos terrenos (geneticistas e pais) na fecundação assistida, a graves responsabilidades, porquanto, se dispomos, na Terra, dos recursos técnicos, falta-nos o componente espiritual que vincula e consolida o processo ao mérito espiritual.

Indispensável bom senso e apoio evangélico.

As mulheres que se tornarem mães por esse processo podem ter sido aqueles Espíritos que em vidas passadas não tiveram o devido zelo com o dom da maternidade. O atual impedimento, aliado ao desejo ardente de agora ser mãe, além do êxito genético, via proveta, parece indicar que o resgate se cumpriu e que prosperou o ensinamento da valorização da maternidade. Essa, uma das premissas da Lei de Ação e Reação (causa e efeito), cuja aplicação é atribuição única e exclusiva de Deus, o Supremo Criador.

## 3.2 Sexagem (determinação de sexo em embriões)

A escolha do sexo do futuro filho é hoje uma possibilidade genética ofertada aos pais. Cumpre-lhes, não obstante, respeitar os desígnios divinos, considerando que desde o primeiro homem na face da Terra tal decisão é divina. Contudo, se Deus delega-a ao homem, que se processe em clima de profunda reflexão e prece, para que a intuição flua do Plano Maior.

## 3.3 Incubadeiras artificiais

As chamadas *incubadeiras artificiais*, tal como vaticinava Aldous Huxley no seu já citado *Admirável mundo novo*, suprimiriam a interpenetração fluídica entre gestante e feto, como esclarece o Espírito Emmanuel à questão 32 de *O consolador*. Penso que, se a Ciência conseguir realizar uma gestação em aparelhos (e provavelmente conseguirá), ali estarão presentes tão somente os dispositivos de leis físicas. Como a reencarnação se dirige do espiritual para o material, o resultado poderá ser aquilo que em *O livro dos espíritos* é consignado como *corpo sem alma* (q. 136-b). O tema é polêmico, mesmo antes de ocorrer.

## 3.4 *Barrigas de aluguel*

Em 2010, o Conselho Federal de Medicina (CFM), por meio da Resolução nº 1.957, deliberou permitir que a mulher escolhida para "alugar" o útero deva ser da família, no máximo de segundo grau no parentesco (mãe, filha, irmã, avó ou neta) da doadora genética (mãe biológica), sem remuneração. Os demais casos devem ser autorizados pelo Conselho Regional de Medicina. Como já ressaltado, a doação temporária do útero não deve ter caráter lucrativo ou comercial.

Fundamental, às chamadas "mães de aluguel", considerar que entre mãe e filho, na gestação, há simbiose fluídica, interligando os dois Espíritos envolvidos no processo. Que as mulheres dispostas a essa atividade reflitam bem nesses ensinamentos, entendendo que a maternidade, dentro de uma união de amor, ou de fraternidade, é sublime, enquanto que o aluguel do útero não passa de um acordo comercial, de início equivocado, pois não há "lei do inquilinato" na Natureza.

## 3.5 Genótipo espiritual

Em *Entre a terra e o céu*, capítulo 2 – *No cenário terrestre*, também do Espírito André Luiz, psicografado pelo inesquecível médium Chico Xavier, o mentor Clarêncio leciona que "[...] O nascimento e o renascimento no mundo, sob o ponto de vista físico, jazem confiados a leis biológicas de cuja execução se incumbem Inteligências especializadas; contudo, em suas características morais, subordinam-se a certos ascendentes do Espírito".

Essa condição é criada pelos ascendentes daquele que vai nascer, gerando uma fatalidade correspondente ao emprego que tenha feito até então do livre-arbítrio.

Tal lição leva-me ao raciocínio da provável existência de uma espécie de *genótipo espiritual*, gravado na consciência de cada um de nós. Como resultante, creio que o corpo é constituído exatamente na razão direta do merecimento, por refletir, com fidelidade, os ascendentes morais do reencarnante.

## 3.6 Início da vida

Essa questão, tratada apenas do ponto de vista biológico, coloca em dúvida se a vida tem início no útero, ou fora dele. Ainda assim, se no útero, há controvérsias do *quando*.

Expus como é difícil o consenso.

A própria Comunidade Europeia (CE), antiga Comunidade Econômica Europeia (CEE), opõe-se à decisão francesa, com isso formando-se um nó: se a França faz parte da CE, como administrar a opinião contrária, sem provocar dissensões?

Exercitando agora uma análise racional, considerando as bases nas quais se apoiam as diversas correntes que firmaram opinião sobre o tema:

a) Embriologia:

- com a *fecundação* inicia-se um processo contínuo de multiplicação celular;
- a *segmentação* (divisões sucessivas de óvulo fecundado) é o passo mais importante em sequência à fecundação, determinando a individuação ou eventual gemelidade (indivíduos gêmeos);
- a *nidação* (implante no útero, iniciando-se a gravidez) ocorre no 5º ou 6º dia depois da fecundação;
- a *mórula* (conjunto resultante dos segmentos do ovo fecundado) pode evoluir para um corpo humano.

b) Culturas gerais:

- muitas são as dúvidas para responder quando o ser humano é *indivíduo* e quando é *pessoa;*
- os conflitos, geralmente, são detectados levando-se em conta o estágio de desenvolvimento em que se encontra o feto;
- o assunto permanece nos domínios de polêmica.

c) Religiões:

- mostrei que, no geral, concebem que desde a fecundação existe o ser humano.

# 4  PERISPÍRITO: MATRIZES GENÉTICAS

A Pedra do Baú, na cidade de São Bento do Sapucaí, SP, maravilhoso fenômeno da Natureza, do alto de seus quase 2 mil metros, desafia permanentemente a imaginação de quem quer que a contemple. Do seu topo, a paisagem é deslumbrante, constando das informações turísticas de que à noite vislumbram-se 52 cidades.

É cognominada "Rainha da Mantiqueira" (alusão à Serra da Mantiqueira).

Em 1944, foi escalada pela primeira vez. A seguir, foram fincados degraus de ferro em suas laterais, formando duas escadas, uma na parte que faz face com a cidade de São Bento do Sapucaí, SP e outra na da cidade de Campos do Jordão, SP.

Com extremado capricho, um industrial de São Paulo mandou construir, no topo da pedra, uma pousada.

Vândalos, em repetidas investidas, danificaram totalmente a pousada e parcialmente as escadas, arrancando alguns degraus. Num país mais zeloso de suas belezas e do patrimônio alheio, tais vândalos teriam que refazer o que destruíram.

Talvez me seja permitido comparar, figurada e pobremente, a Pedra do Baú ao organismo físico e o DNA àquelas duas escadas, posto que em alguma parte delas, existem degraus faltando (ou com defeito), por ação de vândalos — a intemperança, desrespeitando-o. Minha figuração pretende relacionar a subida evolutiva do Espírito capacitando-o a então vislumbrar incontáveis luzes superando as trevas da ignorância.

A Justiça Divina é infalível, sendo gravada em nossa consciência desde nossa criação. Por isso, toda vez que alguém vandaliza seu organismo numa existência, é certo que terá que, senão nela mesmo, voltar ao mesmo degrau, em outra(s) vida(s), para regenerá-lo, deixando perfeita a escada. Aliás, será por ela que todos teremos que transitar até chegar ao metafórico topo, que é nossa evolução terrena.

Pelos postulados da reencarnação, cedo ou tarde, todos os chamados "mortos" são defrontados com o tribunal íntimo instalado permanentemente na consciência. Aí então, "conscientes" dos erros praticados, de imediato requerem, na maioria dos casos, nova vida, para reconstrução do que tenham destruído. O deferimento é nova jornada terrena: reencarnação. Se não há esse voluntário pedido de refazimento, entram em ação normas divinas de compulsoriedade, só empregadas quando os réprobos são, ou melhor, estão insensíveis diante da realidade infeliz de cada um. Outra não é a explicação para o panorama terreno de tantas criaturas com deformidades, insuficiência mental, doenças crônicas e outras situações aparentemente inexplicáveis.

Nesses casos, a Espiritualidade Superior, sempre agindo por Delegação Divina, sob coordenação de Nosso Senhor Jesus Cristo, isto é, com caridade, engendra várias reencarnações compulsórias. Cito a seguir detalhes desses abençoados quanto inexoráveis processos, agindo a bem dos réprobos ante a Lei, culminando com a recuperação plena de todos eles. Todos!

Obviamente, com os perispíritos autodanificados, aqueles que renascerão em processo corretivo serão alocados junto a familiares que talvez tenham sido seus comparsas, ou, em não poucos casos, em lares heroicos que os acolhem com bondade, embora com eles não registrem nenhum vínculo atávico.

## 4.1 Compulsoriedade reencarnatória

### 4.1.1 Cassação do livre-arbítrio

Decorrente da análise dos ensinos dos Espíritos Superiores peço licença para, com muito respeito, lucubrar sobre a provável existência de um "artigo" particular na Divina *Lei de Justiça*, sobre a *compulsoriedade reencarnatória, sob expiações imediatas,* não raro com a cassação do livre-arbítrio em existência(s) terrena(s) autopunitiva(s), imposta(s) à revelia do(s) reencarnante(s).

Tais reencarnações enquadram-se no determinismo divino da evolução, invariavelmente agindo com amor e justiça em benefício dos "Espíritos que criaram para si mesmos pesadas e aflitivas contas com a vida", no dizer tão elucidativo do mentor Sânzio, no livro *Ação e reação*, capítulo 7 – *Conversação preciosa*, segundo registro do Espírito André Luiz, com psicografia de Francisco Cândido Xavier.

Sobre esse determinismo divino cataloguei várias instruções dos Espíritos:

1) Questão 262-a de *O livro dos espíritos,* de Allan Kardec: Deus "[...]pode *impor* certa existência a um Espírito [...] [com] má vontade [...]" (grifo nosso). É o caso daquele Espírito que, obtendo uma ou várias chances de melhoria moral, teima em cometer erros sobre erros.

2) Item 8 do capítulo 5 de *O evangelho segundo o espiritismo,* de Allan Kardec: "As tribulações [da vida] *podem ser impostas* a Espíritos endurecidos, ou extremamente ignorantes, para levá-los a fazer uma escolha com conhecimento de causa [...]" (grifo nosso).

3) Espírito Manoel P. Miranda, em *Nas fronteiras da loucura*, 9. ed. Salvador: LEAL, 1997, p. 9: "Quando não funcionem os estímulos para o progresso e o Espírito deseje postergá-lo, *imposições da própria Lei jungem-no ao processo de crescimento,* mediante as expiações lenificadoras que o depuram, cooperando para a eliminação das sedimentadas mazelas que o martirizam... (grifo nosso).

4) Léon Denis, em *O problema do ser, do destino e da dor*, FEB Editora, capítulo 13 – *As vidas sucessivas. A reencarnação e suas leis*:

"[...] Inteligências diretoras", visando o proveito, evolução e expurgo do nosso passado, *fazem elas próprias,* em alguns casos, a difícil escolha de nossas provas.

5) Manoel P. Miranda, em *Nos bastidores da obsessão*, FEB Editora, capítulo12 – *Desobsessão e responsabilidade*: "[...]Pacientes há, rebeldes de tal monta, que o melhor medicamento para a saúde deles é a *continuação do sofrimento* em que se encontram..." (grifo nosso).

6) Espírito Emmanuel, em *O consolador*, à questão 96, oferta precisa informação quanto ao Espírito envelhecido nos abusos do mundo, portador de doenças incuráveis, estas como estação de tratamento e de cura e quanto às enfermidades d'alma, persistentes: "podem reclamar várias estações sucessivas, com a mesma intensidade nos processos regeneradores".

Obs.: Informação coadjuvante à compulsoriedade na vida de Espíritos rebeldes, prestada pelo Espírito Anacleto, em *Missionários da luz*, capítulo 19 – *Passes,* somos informados de que os bons Espíritos auxiliam Espíritos enfermos *por até dez vezes consecutivas,* mas se essas "oportunidades voam sem proveito", o atendido é entregue à própria sorte, até que adote nova resolução. Quando a sós, "com sua experiência forte, aprenderá lições novas e ganhará muitos valores. Mais tarde, receberá, de novo, o socorro completo".

7) Espírito irmão João, em *Memórias de um suicida*, capítulo 10 – *O Manicômio*, nos diz que a reencarnação punitiva é

> [...] Medicamentação, apenas! Um gênero de tratamento que a urgência e a gravidade do mal impõem ao enfermo [Espíritos suicidas sem condições de algo tentarem voluntariamente]! Operação dolorosa que nos pesa fazer, mas à qual não vacilamos em conduzir os pacientes, certos de que somente depois de realizada é que entrarão eles em convalescença.

Obs.: Na mesma obra há novas informações referentes a reencarnações compulsórias.

8) Inolvidável esclarecimento, qual enérgico alerta é dado pelo assistente Áulus, em *Nos domínios da mediunidade*, FEB Editora, capítulo 15 – *Forças viciadas*:

Espíritos infortunados não se enfastiarão tão cedo da loucura em que se comprazem...

[...] todavia, quando não se fatiguem, *a Lei poderá conduzi-los a prisão regeneradora*.

[...]

— Há dolorosas reencarnações que significam tremenda luta expiatória para as almas necrosadas no vício. Temos, por exemplo, o mongolismo, a hidrocefalia, a paralisia, a cegueira, a epilepsia secundária, o idiotismo, o aleijão de nascença e muitos outros recursos [...] (grifo nosso).

9) Espírito Silas, em *Ação e reação*, capítulo 15 – *Anotações oportunas*:

[...] o homem que tiraniza a mulher, furtando-lhe os direitos e cometendo abusos, em nome de sua pretensa superioridade, desorganiza-se ele próprio a tal ponto que, inconsciente e desequilibrado, *é conduzido pelos agentes da Lei Divina a renascimento doloroso*, em corpo feminino, para que, ao extremo desconforto íntimo, aprenda a venerar na mulher sua irmã e companheira, filha e mãe [...] (grifo nosso).

Dessa forma, por bem ou "por mal", todos evoluem, isto é, o Espírito escolhe como evoluir, se por vontade própria, ou por imposição da Lei. No segundo caso, indiscutível convir que há grande sabedoria nesses mecanismos, emoldurados pela Caridade do Pai, sempre proporcionando novas oportunidades a seus filhos.

Aconselhável será a opção do difícil retorno voluntário, sob provações/expiações que o próprio Espírito requisite, via nova reencarnação, na qual lhe seja possível "consertar a escada", recompondo os degraus que tenha danificado...

Se existem reencarnações compulsórias, evidentemente que há casos em que a desencarnação também pode ocorrer, por determinismo da Lei. Essa outra circunstância ocasiona, por exemplo, Espíritos desencarnarem em condições de terríveis desastres, caso em que existem diversas mensagens suas (psicografadas) informando aos seus desolados e inconformados parentes, nada terem sentido no momento da morte. Esclarecem que foram recepcionados por familiares há muito desencarnados, sendo assistidos em repouso hospitalar. Conscientes da desencarnação, sentem um grande alívio, por terem se livrado de pesado fardo, cujo resgate agradecem a Deus.

## 4.2 Reencarnação e DNA

O sempre lembrado professor Carlos Torres Pastorino, em *Técnica da mediunidade*, 2. ed. Rio de Janeiro: Sabedoria, 1973, p. 135 a 140, apresenta incomparável estudo didático sobre o DNA e suas consequências sobre as reencarnações. Sugere, oportunamente, quanto à caminhada evolutiva do Espírito, nas diversas viagens proporcionadas pela reencarnação:

- o DNA traça o roteiro 'turístico' a cada viagem evolutiva, e automaticamente vai marcando as paradas nos portos das dores e as festas nas cidades das alegrias;
- no DNA vamos, diariamente, numa vida, gravando o que nos ocorrerá na vida seguinte: é a construção lenta, mas segura, de acontecimentos infalíveis e inevitáveis.

Consigna ainda, que consta em *Medicina e saúde*, p. 115: "se o DNA perde a estabilidade ou é afetado pelas reações químicas, modifica o código vital e *enlouquece*". A propósito, ensaia:

- a produção hormonal pode influir na modificação do DNA, produção essa afetada pelos atos, palavras, sentimentos e pensamentos das criaturas, deduzindo que:
- atos e pensamentos harmoniosos, emoções agradáveis, alegria e amor, trazem modificações benéficas ao DNA, melhorando o padrão e marcando menores dificuldades para a vida seguinte;
- em contraposição, atos e pensamentos de raiva, ódio, mentira, sentimentos baixos, emoções desregradas, provocam produções hormonais que atingem o DNA, modificando-lhe os códigos, aí gravando marcas que determinarão, no futuro, as reações a ações e pensamentos destrutivos;
- eis, pois, que os fatos da jornada terrena são frutos *nossos*, e se a plantação é livre, a colheita nos é imposta, pois a gravamos no íntimo de nossas células, no código de vida do DNA. Daí ser o homem aquilo que ele pensa.

## 4.3 Perispírito – doenças incuráveis, sinais cármicos

Nesse ponto, considero útil relembrar o que o Espiritismo oferta sobre esse posicionamento do professor Pastorino, com referência a doenças incuráveis, sinais cármicos, influência dos nossos atos e pensamentos sobre o corpo físico, a imortalidade dos cromossomos etc.

### 4.3.1 Espírito André Luiz

Em *Ação e reação,* capítulo 7 – *Conversação preciosa,* quando o Espírito Sânzio pondera "quanto aos sinais cármicos que trazemos em nós mesmos", somos informados de que

> [...] a alma humana é uma consciência formada, retratando em si as leis que governam a vida e, por isso, já dispõe, até certo ponto, de *faculdades com que influir na genética, modificando-lhe* a *estrutura,* porque a consciência responsável herda sempre de si mesma [...]
> 
> [...]
> 
> [Entretanto,] [...] o comportamento de cada um de nós [...] pode significar liberação abreviada ou cativeiro maior [...]
> 
> [...]
> 
> [...] [havendo] problemas de dura e imediata expiação, nos quais a alma é compelida a tolerar rijos padecimentos, muitas vezes desde o ventre materno [...]
> 
> [...]
> 
> [...] Nossa mente guarda consigo, em germe, os acontecimentos agradáveis ou desagradáveis que a surpreenderão amanhã, assim como a pevide minúscula encerra potencialmente a planta produtiva em que se transformará no futuro.
> 
> [...]
> 
> [...] nossa própria conduta, pode significar liberação abreviada ou cativeiro maior, agravo ou melhoria em nossa condição de almas endividadas perante a Lei (grifo nosso).

Em *Missionários da luz*, capítulo 4 – *Vampirismo*:

> [...] A cólera, a intemperança, os desvarios do sexo, as viciações de vários matizes formam criações inferiores que afetam profundamente a vida íntima. Quase sempre o corpo doente assinala a mente enfermiça [...]
> [...]
> [...] o ódio e o vício oferecem campo a perigosos *germens* psíquicos na esfera da alma [...]
> [...]
> [...] Seria, pois, de admirar tantas moléstias do corpo e degenerescências psíquicas? [...] (grifo nosso).

Obs.: Nessa mesma obra estão consignados inúmeros exemplos de futuras reencarnações, cujos gráficos são estudados pelos orientadores espirituais; em alguns exemplos, são citados casos de problemas cardíacos, úlceras, e outros, que ocorrerão na idade adulta dos Espíritos que ainda nem sequer reencarnaram...

Esse livro contém, segundo meu entendimento, os mais completos relatos individualizados de que se tenha notícia, sobre o que talvez possa se denominar "genética espiritual"; sua leitura é de grande valia para os interessados no panorama espiritual que antecede à fecundação; as ocorrências com os envolvidos numa reencarnação (pais e futuro filho) descem aos detalhes, espelhando problemas e méritos futuros, angústias e esperanças; tudo, sendo considerado o patrimônio moral de cada um.

Informação de grande importância acha-se também ali inscrita, qual seja a de que o corpo perispiritual, que dá forma aos nossos elementos celulares, está fortemente radicado no sangue; até o nascimento é dádiva materna; no renascimento, o Espírito reencarnado, consolidando novas experiências, assimila energias, até a idade de sete anos; então, passa a responsável pela formação sanguínea, base de equilíbrio do perispírito.

Em *Evolução em dois mundos*, 1ª parte, capítulo 6 – *Evolução e sexo*, itens Concentrações fluídico-magnéticas e Filtros de transformismo, respectivamente,lemos o seguinte:

> Os cromossomas, estruturados em grânulos infinitesimais de natureza fisiopsicossomática, partilham do corpo físico pelo núcleo da célula em que se mantêm e do corpo espiritual pelo citoplasma em que se implantam.

[...]
*Os cromossomas permanecem imorredouros*, através dos centros genésicos de todos os seres, encamados e desencamados, plasmando alicerces preciosos aos estudos filogenéticos [relativos à evolução das formas vivas inferiores] do futuro (grifo e interpolação nossos).

No 1ª parte, capítulo 7 – *Evolução e hereditariedade*, item Geometria transcendente, consta interpretação dos cromossomas, como caracteres inscritos nos corpúsculos celulares mentais, contendo as "[...] disposições e os significados dos seus próprios destinos [...]", por meio dos genes.

## 4.4 Vírus, vibriões, bacilos, germens e parasitas (psíquicos)

Há pouco assinalei registros dos Espíritos sobre a íntima correlação de germens e vírus psíquicos com várias doenças, do corpo e da alma. Vários Espíritos repassaram informações alarmantes quanto esclarecedoras sobre esse tema, referindo-se que novas doenças, letais, ou retorno de algumas já extintas, talvez possam ser explicadas pela "encarnação" ou "reencarnação" de vírus.

Esclarecem esses instrutores espirituais que os desvarios do comportamento humano produzem eflúvios malignos (energia altamente negativa) que, absorvidos pelos chamados "vírus psíquicos", estes acabam mesmo provocando danos físicos, como se fossem "reencarnados". Somente procedimento consentâneo com as Leis Divinas constitui vacina contra esses perigosos agentes causadores de tantas infelicidades.

Algumas citações sobre esse tema:

a) *germens psíquicos,* oriundos dos desvarios sexuais, conforme se referiu o Espírito André Luiz, em *Missionários da luz* (cap. 4 – *Vampirismo*);

b) *germens de perversão:* também o Espírito André Luiz, lecionando humildade informa, em *Nosso lar*, capítulo 5 – *Recebendo assistência*, que só pelo procedimento do dever justo se desfaria dos *germes de perversão da saúde divina*, agregados ao seu perispírito por descuido moral;

c) *bactérias mentalmente incubadas*: ainda André Luiz, em *Libertação*, capítulo 2 – *A palestra do instrutor*, esclarece que são "[...] entidades microbianas, que vivem e se reproduzem no campo mental dos milhões de pessoas que as entretêm [...]" e que acorrem em massa para as células que as atraem e absorvem "[...] formando no corpo a enfermidade idealizada [...]";

d) *vírus psíquicos*: Yvonne A. Pereira, em *Memórias de um suicida*, 2ª parte, capítulo 10 – *O Manicômio* (obra que consigna a narrativa de um suicida no Plano Espiritual), informa da existência de "um vírus psíquico". São portadores desses vírus Espíritos desencarnados em deploráveis estados vibratórios. Tão nefandos perigos constituem tais Espíritos que sua aproximação a crianças encarnadas podem matá-las, caso inexista alguém que as salvaguarde do funesto contágio. Tais *vírus psíquicos* contagiam encarnados e o único antídoto terá que ser análogo, isto é, harmonização em energias opostas, também *psíquicas*... — "Somente o reto proceder constitui eficiente vacina contra esse vírus", acrescenta;

e) *vibriões psíquicos e parasitas extravagantes*: mentes viciosas produzem psicosfera pestilenta e encharcam-se deles, registra o Espírito Manoel P. de Miranda, em *Nas fronteiras da loucura*. 9. ed. Salvador: LEAL, 1997, p. 18 e 19.

As opiniões acima, de Espíritos amigos, não trazem em seu bojo qualquer condenação, antes, são aconselhamentos doutrinários, alertas amigos. Assim, opino que não se devem estabelecer diagnósticos (apressados) inferindo que todos os doentes, sob duras condições físicas no presente tenham tido em existências terrenas passadas comportamento desvairado, ou aquela "hipocondria" mental. Essa é atribuição de Espíritos elevadíssimos, que agregam condições de ajuizar atos e atitudes para organizarem com sabedoria e caridade recomeços reencarnatórios.

## 4.5 O perispírito, a Biogenética e as doenças

Hermínio Correa de Miranda, em *Reencarnação e imortalidade*, capítulo 13, comentando sobre quando os soviéticos descobriram o perispírito, augura que a descoberta "rasgou para o futuro amplas perspectivas para insuspeitadas paisagens", exemplificando: "doenças *que ainda não se transpuseram ao corpo físico* são identificadas como anomalias já existentes na contraparte bioluminescente do ser".

Jorge Andréa dos Santos, em *Palingênese, a grande lei*, capítulio 1, conceitua:

- os genes teriam ligações com outras energias evoluídas... Com potencialidades imensas, um *elan vital*, uma *essência*, uma verdadeira *energia espiritual* com funções extensas e altamente complexas, fornecendo melhores equações na avaliação do mecanismo evolutivo da vida;

- essa *energética espiritual, resultado de vivências e experiências incontáveis,* com suas emissões vibratórias, apresentaria zonas intermediárias (perispirituais), até desembocarem nos genes... Por onde as sugestões, informações, diretrizes, enfim, todo o quadro de nossa herança espiritual tivesse possibilidade de expressões nas regiões cromossomiais da herança física;

- com este conceito de uma energética espiritual imortal e sempre atuante, colhendo os dados de todas as experiências de nossas vidas, desde as reações químicas das células aos processamentos psicológicos mais avançados, poderemos entender melhor a Biologia e de modo particular a filogênese. (Filogênese: evolução pela qual as formas vivas inferiores se vão modificando através dos tempos, para produzirem outras, cada vez mais elevadas; evolucionismo).

Magnífico, não é mesmo, caro leitor?

Em primeiro lugar, lembro que o professor Pastorino, em toda a sua obra, e em particular ao referir-se à provavel imortalidade do que denominou "células nervosas" (todo o sistema nervoso), declarou tal como sendo um ensaio, fruto de longos anos de pesquisas. Tais células seriam a parte, ou contraparte, mais grosseira do perispírito. Seu estudo, sugerindo que as células nervosas fazem a moradia do DNA, cuja matéria-prima são os genes, disse também que ali está implantado um "relógio biológico" de todas as doenças que se manifestarão no organismo, ao longo da existência.

Disse mais:

- pelo dinamismo cármico — atos para o bem ou para o mal — são capazes de modificar, atenuando ou agravando tais doenças, face às atividades psíquico-hormonais do ser;
- em hipótese, as células astrais acompanham o Espírito, após a desencarnação, e com ele regressam à vida no plano físico, durante toda a cadeia evolutiva, pelo menos no estágio humano. A contraparte física de nossas células (seu 'corpo físico'), é que se estraga, desfaz e recompõe, dando a impressão de que a célula *morre,* quando, ao invés, ela apenas desencarna e reencarna no mesmo local: o DNA morre também. O que subsiste seria a estrutura dinâmica dos genes — a "mente celular", que permanece a mesma, acompanhando o perispírito desencarnado, voltando para moldar o outro corpo físico que construímos na vida seguinte.

Pastorino não fecha a questão, antes, escancara-a aos especialistas e técnicos. Eis aí, a meu ver, interessantíssima hipótese de reflexão. Não só para o entendimento de, pelo menos, um dos princípios da reencarnação, mas também, e em especial, como substrato para os pesquisadores isentos de preconceitos religiosos.

## 4.6 Comprovante científico da reencarnação

Em meu livro *Genética... Além da biologia.* Belo Horizonte: Fonte Viva, 2004, inseri uma humilde conjuntura que imaginei, precisamente após conhecer as reflexões acima do professor Pastorino:

Pelas estruturas dos genes e particularmente do DNA (via genoma), talvez a Ciência possa definitivamente comprovar a reencarnação "in vitro", isto é, pelo método laboratorial de pesquisa, comprobatório, irrefutável e universal.

Para tanto, necessário seria colher material de alguém desencarnado e comparar esse DNA, com o de alguém que, hoje, reencarnado, seja supostamente aquele indivíduo.

Apenas como exemplo: há em Uberaba (MG), o Hospital do Fogo Selvagem, onde tempos atrás, em visita, o médium Chico Xavier confidenciou que um dos internos era a reencarnação de um personagem (famoso quanto infeliz) da 2ª Guerra Mundial. Depois disso, até temos na literatura espírita um livro de famoso jornalista carioca, espírita, que afirma ter sido personagem da "revolução francesa".

Se fosse possível *oficialmente* coletar um fio de cabelo dos despojos de ao menos um desses personagens e compará-lo com o DNA dos ora encarnados, quem sabe seriam coincidentes?... Lembro que há alguns anos, nos EUA, foi examinado um fio de cabelo de Lincoln e afirmou-se que ele sofria de doença respiratória, fato que nem todos os biógrafos do grande Presidente norte-americano registraram.

O encarnado a ser submetido a tal pesquisa deverá, previamente, ser bem orientado quanto ao resultado da mesma, de maneira a não se envaidecer ou se constranger, compreendendo sua alta contribuição para a Humanidade.

Assim, isso de coletar DNA de vultos históricos não será novidade, nem profanação. Seria, a meu ver, o casamento ideal do Espiritismo com a Ciência, preconizado por Kardec e defendido por Einstein.

Sabendo caríssima tal pesquisa, imagino que só mesmo poderia realizá-la alguma entidade científica (fundação, faculdade etc.).

## 4.7 Medicina do futuro

Em Kardec, como sempre, encontra-se o alicerce seguro para o caráter científico-filosófico-religioso das questões transcendentais da vida. Nesse caso, não é diferente: com efeito, antecipa brilhantemente, quase que profetiza "O perispírito como princípio das manifestações", em *Obras póstumas,* 1ª Parte, Manifestações dos Espíritos,§ I, item 12:

> Sendo um dos elementos constitutivos do homem, o perispírito desempenha importante papel em todos os fenômenos psicológicos e, até certo ponto, nos fenômenos fisiológicos e patológicos. Quando as ciências médicas tiverem na devida conta o elemento espiritual na economia do ser, terão dado grande passo e horizontes inteiramente novos se lhes patentearão. As causas de muitas moléstias serão a esse tempo descobertas e encontrados poderosos meios de combatê-las.

Com efeito, no nosso tempo já existem doenças que estão podendo ser curadas antes do seu surgimento.

Esse *antes* não é gratuito:

- pela Biogenética, já não são poucas as doenças que são previstas e corrigidas, antes do parto;
- pela ótica espiritual, é dedutível a proximidade dessa maravilha, pois se no perispírito de alguém for encontrada a causa de determinada doença, toda vez que a mesma doença for diagnosticada em outro perispírito, a Medicina, movendo-se por tais informações, poderá antecipar-se à sua manifestação mórbida, no físico. Não creio ser difícil aceitar que Pastorino esteja certo, quanto à moradia dos genes no DNA; quanto à parte "imortal" deste, provavelmente residindo por sua vez no perispírito, imagino que seria o potencial dinâmico dos genes. Isso, numa dimensão por enquanto desconhecida, pois a molécula do DNA desaparece pela morte do corpo físico...

Essa "imortalidade", naturalmente, é relativa à existência do próprio perispírito, mais particularmente, quanto à sua estrutura. A Doutrina dos Espíritos tem como certeza que, evoluindo o Espírito continuamente, que sim, é imortal, o perispírito, que lhe serve de envoltório, também evolui.

Além do mais, o perispírito é uma espécie de estação transmissora-receptora de sensações do Espírito para o corpo e deste para aquele. Quando não tem mais o corpo físico, desconhecendo-o, por involução, ainda assim o Espírito "vive essa (ir)realidade", o que leva o perispírito, sempre obediente àquele, a registrar sensações. Quanto à memória, por ser imortal, só pode residir no Espírito, o qual, valendo-se da sua "ferramenta" (o perispírito), elabora suas construções, ou reconstruções, com base nela, esteja no plano que estiver.

Assim interpreto o que disse Kardec.

Caso não seja bem assim, mantenho por inteiro em aberto outro entendimento, aguardando inclusive que algum leitor, eventualmente, reabra comigo (via Editora) essa e qualquer outra questão tratada aqui, o que me será de gosto.

As informações trazidas por André Luiz, Yvonne Pereira e Manoel P. Miranda sobre a existência de vírus psíquicos abrem um formidável leque de ilações sobre a não intermitência da vida, nos dois planos — espiritual e terreno. Ora, sabendo que o terreno é reflexo do espiritual, nada objeta pensar que algo realmente "não morre", "nem nasce", em nossa trajetória rumo à evolução (no momento, nas vidas terrenas, as diversas reencarnações). Talvez seja permitido inferir, por decorrência, que se esse algo for danoso e for identificado no perispiritual, possível será erradicá-lo, antes de materializar-se.

Essa, evidentemente, será a Medicina do futuro, em que os fármacos, tratamentos e cirurgias serão substituídos por autoproduções hormonais catalisadas pelo Evangelho de Nosso Senhor Jesus Cristo. Em outras palavras: a cura das doenças será feita no próprio organismo, pelo próprio detentor da patologia. A doença, resultante de ações infelizes, nesta mesma, ou em outras vidas, encontrará a cura em procedimentos de amor, cujo roteiro está muito bem delineado na moral cristã.

Apenas como registro, deve ser dito que a Teosofia também se ocupou desse tema:

- C. Jinarajadasa, em *Fundamentos da teosofia*, capítulo 4, cita "carma acumulado". Isso, na edição de 1914 !, descrevendo os genes (palavra utilizada apenas a partir da edição de 1938), constituintes da nova habitação temporária (reencarnação), visando o estágio evolutivo do ser humano. Consigna: "Os Senhores do carma nada acrescentam nem tiram no corpo de cada homem; ajustam apenas as *forças geradas pela alma,* a fim de que o seu destino final... possa ser realizado o mais breve possível, enquanto essa alma segue sua ronda de nascimentos e mortes".
- Arthur E. Powel, em *O corpo mental*, capítulo 32, ao tratar do renascimento (reencarnação), refere-se aos "átomos permanentes" que ficam com o ego durante todas as suas encarnações humanas. Configura que "os germes de qualidades, ou sementes, trazidas do passado, com tudo quanto era grosseiro, baixo e mau, passam a fazer parte do novo *homem de carne*".

Obs.: Vemos aqui citação similar às espíritas sobre germens psíquicos.

- O casal L. J. Bendit e Phoebe D. Bendit, ele médico, formado pela Universidade de Cambridge, ela clarividente, associados, escreveram a obra *O corpo etérico do homem*; no capítulo 10, *Saúde e Doença*, dizem textualmente:

> Todos os tipos de doença podem ser diagnosticados por meio do campo etérico, se discriminação suficientemente aguçada for possível da parte do observador. Ademais, perturbação nesse campo muitas vezes se manifesta *algum tempo antes* de que qualquer indicação clara de doença apareça. Assim, uma tendência para doença maligna pode ser vista antes que os métodos médicos possam diagnosticar sequer um estado pré-canceroso, para nem se falar em verdadeiro tumor local. Em outros casos, a desorganização geral do etérico ocorre durante alguns dias antes da instalação de uma doença aguda e transitória, tal como febre, ou por muito tempo antes que uma doença subaguda específica se instale.

Considero desnecessário aduzir mais informes da Teosofia, até porque seus seguidores têm em comum uma linha filosófica muito bem definida e adjacente, pelo que não divergem as opiniões que emitem.

Nota: A revista *Veja*, de 28 junho de 1995, publicou entrevista com um diretor da Organização Mundial de Saúde (OMS), relatando impressionante conclusão de pesquisa médica recentemente feita em 25 mil pacientes, de 15 cidades, de 14 países. Depressão, ansiedade, síndrome de perseguição (doença do mundo moderno, ante tanta violência), respondem por um doente, em cada quatro que procuram os médicos com alguma queixa de dores e outros sintomas não detectados por exames.

Observo, assim, que a Medicina volta seus olhos para a mente, como origem de distúrbios físicos; daí a buscar no Espírito referidas causas é um passo. Por tudo quanto acabei de expor, curvo-me com muito respeito às sábias leis naturais, e agradeço ao Pai permitir os vislumbres científicos da Medicina, no trato das doenças físicas, antes da sua eclosão.

Augurava o Dr. Jorge Andréa, num estudo publicado na *Revista Internacional de Espiritismo* (set. 93), que neste terceiro milênio o perispírito seria assunto rotineiro de pesquisas, propiciando melhor compreensão dos mecanismos da vida que nos cerca e da qual fazemos parte.

O Espírito Emmanuel, em *O consolador*, psicografia de Francisco C. Xavier, oferta:

> Questão 36 – Pode a Genética estatuir medidas que melhorem o homem?
>
> Fisicamente falando, a própria natureza do orbe vem melhorando o homem, continuadamente, nos seus processos de seleção natural. Nesse sentido, a Genética só poderá agir copiando a própria natureza material. Se essa Ciência, contudo, investigar os fatores espirituais, aderindo aos elevados princípios que objetivam a iluminação das almas humanas, então poderá criar um vasto serviço de melhoramento e regeneração do homem espiritual no mundo, mesmo porque, de outro modo, poderá ser uma notável mentora da eugenia, uma grande escultora das formas celulares, mas estará sempre fria para o espírito humano, podendo transformar-se em títere abominável nas mãos impiedosas dos políticos racistas.

De minha parte posso até antever que, no futuro, em ambiente de preces e pensamentos em Jesus, hipoteticamente, um paciente ouvirá do médico:

— O *exame perispiritográfico*[4] demonstra que o senhor está com um câncer previsto para dentro de dez anos; mas não se desespere; daqui até lá, pratique a caridade, o máximo possível, exercite sempre as virtudes, faça preces constantes.

— Mas... Doutor, fazendo isso ficarei isento do câncer?

— Não, não ficará; contudo, ao invés do fígado, ele alcançará apenas o apêndice, sendo facilmente debelado. O que o senhor vem sentindo, há já algum tempo, nada mais é do que um alerta, um despertamento do Plano Espiritual, quanto à mediunidade produtiva no bem, que teima em

---

[4] Nota do autor: Simples imaginação da minha parte, augurando que no futuro a Medicina se valha de diagnósticos colhidos por médicos-médiuns, em cujos consultórios, em ambiente de preces a Jesus, exista um aparelho — *perispiritógrafo* — que, acionado por fluidos desse médico mostre no perispírito do paciente eventuais males orgânicos, presentes ou futuros.

não exercitar. Vemos aqui que seu chacra gástrico acha-se desarmonizado, indicando intemperança alimentar.

— É... Sou mesmo indisciplinado à mesa...

Ou, então, outra situação, de ocorrência possível apenas num futuro mais ou menos distante, na Terra regenerada e com personagens espiritualizados... Médico e gestante.

Após submeter a paciente ao tomógrafo perispiritual, em ambiente de preces:

— Seu filho nascerá com patrimônio energético espiritual adequado apenas a seis anos de vida terrestre.

— Sim, doutor, já intuíamos, eu e meu marido, que ele ficaria pouco tempo conosco. Deus é Pai de Bondade e nós aceitamos essa tarefa com todo o amor do nosso coração. Daremos a ele todo o carinho.

— Isso é muito bom, até porque o Espírito a reencarnar tem plena consciência de sua curta permanência entre nós. Esse tempo é o necessário e suficiente para recompor, nessa última etapa de resgates, pequenas lesões no perispírito, remanescentes de suicídio cometido em distante vida.

# 5 TERAPIA DE VIDAS PASSADAS E FUTURAS

No capítulo anterior (Perispírito: Matrizes Genéticas) teci reflexões variadas sobre as matrizes genéticas, positivas ou negativas, imantadas ao perispírito, consequência do comportamento do Espírito nas várias existências terrenas.

Há alguns anos, o tema Terapia de Vidas Passadas (TVP) passou a frequentar o imaginário popular, com larga difusão da mídia internacional. No Brasil, são inúmeros seus adeptos, tendo proliferado "técnicos em TVP", em face da extraordinária demanda.

## 5.1 Histórico

TVP é a abreviatura adotada desde 1980, no Brasil, do método psicoterápico de Terapia de Vidas Passadas, que utiliza a regressão de memória do paciente. A pessoa que se submete à TVP (em ambiente clínico) retorna a fatos e épocas de sua vida presente e, em alguns casos, essa viagem regressiva leva-a à vivência no útero materno; no prosseguimento da experiência chega à(s) vida(s) passada(s).

É o que consta. Não resta a menor dúvida que o tema é palpitante. Há notícias de que já nos tempos antigos, sacerdotes egípcios praticavam a TVP.

No século passado alguns pesquisadores dedicaram-se à regressão de memória, na França e Espanha.

Em 1977, os médicos norte-americanos Denis Kelsey e Morris Netherton publicaram respectivamente os livros *Many Lifetimes* (*Vários cursos de vida*) e *Vidas passadas em terapia*.

Em 1980, a TVP chegou ao Brasil e, pelo jeito, veio para ficar, havendo até alguns cursos regulares de formação universitária psicológica.

O Dr. Patrick Drouot, físico francês, diplomado pela Universidade de Colúmbia, em Nova Iorque, estudou a regressão de memória em vários pacientes. Depois de dez anos de pesquisas, concluiu que não há morte, que há sobrevivência da alma e que o mesmo ser vive várias vezes. Escreveu um livro, já na 5ª ed., denominado *Somos todos imortais*.

Obs.: Alguém deveria ter dito ao Dr. Patrick que seus dez anos de estudos poderiam ter se dirigido a outro azimute, pois o Espiritismo, há cerca de cento e quarenta anos, já registrou essas "suas descobertas", além de cientistas de renome acreditarem nisso.

Essa até parece aquela história do místico que ficou vinte e oito longos anos meditando à margem de um caudaloso rio, até que finalmente conseguiu transpô-lo, levitando. Chegando à outra margem, sua euforia despertou a atenção de um menino que lhe perguntou o porquê de tanto júbilo. Ao conhecer a verdade, o menino, com cristalina simplicidade, contou que com uma pequena moeda o pai dele, barqueiro, há mais de quarenta anos vinha transportando qualquer um, em menos de cinco minutos...

Ainda com estrondoso sucesso, o Dr. Brian Weiss, médico norte-americano, autor do livro *best-seller* mundial *Muitas vidas, muitos mestres*, vem atendendo pacientes interessados em pesquisar o passado. As consultas são com hora marcada e mediante pagamento. Consta que a fila de espera para atendimento é longa, demorada...

Isso sinaliza, de modo indireto, que as pessoas, de alguma forma, estão cada vez mais interessadas em temas espiritualistas, trilhando de início equivocadas vias nessa busca. Tão logo Kardec lhes chegue às mãos, a inteligência de cada um fará o resto, isto é, plena aceitação dos postulados do Espiritismo, não só sobre o passado, mas também sobre o presente... E principalmente sobre o futuro.

Lembro-me aqui da frase lapidar do inesquecível médium Chico Xavier: "Embora ninguém possa voltar atrás e fazer um novo começo, qualquer um pode começar agora e fazer um novo fim".

## 5.2 Objetivos da TVP

Em essência, a TVP busca a cura de traumas atuais, pelo conhecimento das suas distantes origens: conscientizando-se o paciente do porquê do seu problema, a solução é facilitada. Nessa viagem ao passado, conduzida por profissionais competentes — médicos e/ou psicólogos —, dizem os especialistas que o paciente só se recorda daquilo que se relacione com o atual estado patológico.

Eis aí uma afirmação que carece de análises: como pode um psicoterapeuta filtrar as nuanças de uma eventual viagem dessas, dela excluindo as vertentes que produziram o trauma? Como definir o que é ou não adjacente ao fato principal buscado? Ele, psicoterapeuta, também é "passageiro" nessa viagem, a ponto de ajuizar o que pode ser recordado e o que deve ser evitado? Essas, em linhas gerais, as premissas da TVP.

## 5.3 A TVP e o Espiritismo

O ser humano, em todas as épocas da Humanidade, sempre foi ávido em conhecer o insondável, passado ou futuro. De alguns anos a esta parte passou a ficar em voga a chamada regressão de memória, pela qual a pessoa teria acesso informativo (pleno ou parcial) não apenas a esquecidos fatos desde seu nascimento, como até às suas vidas passadas.

— Em termos de Espiritismo, o que se pode registrar sobre isso?

## 5.4 Esquecimento do passado

Nas questões 392 a 399 de *O livro dos espíritos*, Kardec aprofundou o tema "esquecimento do passado", recebendo respostas que não deixam escape à inconveniência que a lembrança traria para encarnados. Cito trechos do parecer dos Espíritos Superiores, registrados por Kardec:

- o homem nem pode nem deve saber tudo; Deus assim o quer, na sua sabedoria;
- a cada nova existência o homem tem mais inteligência e pode melhor distinguir o bem e o mal. Onde estaria o seu mérito, se ele se recordasse de todo o passado? Quando o Espírito entra na sua vida de origem (a vida espírita), toda a sua vida passada se desenrola diante dele; vê as faltas cometidas e que são causa do seu sofrimento;
- daquilo que fomos... temos a sua intuição; nossas tendências instintivas são uma reminiscência do nosso passado; ... nossa consciência representa o desejo de não mais cometer as mesmas faltas;
- a lembrança de nossas individualidades anteriores teria gravíssimos inconvenientes: humilhar-nos extraordinariamente, exaltar nosso orgulho, entravar nosso livre arbítrio;
- vaga consciência de existências anteriores pode ser revelada, com fim útil, por Espíritos Superiores;

Para reforçar o entendimento, Kardec fez constar em *O evangelho segundo o espiritismo*, capítulo 5, item 11:

> [...] Havendo Deus entendido de lançar um véu sobre o passado, é que há nisso vantagem. Com efeito, a lembrança traria gravíssimos inconvenientes. Poderia, em certos casos, humilhar-nos singularmente, ou, então, exaltar-nos o orgulho e, assim, entravar o nosso livre-arbítrio. Em todas as circunstâncias, acarretaria inevitável perturbação nas relações sociais.
>
> [...] adormecido o corpo, ocasião em que goza de certa liberdade, o Espírito tem consciência de seus atos anteriores [...]
>
> [...]
>
> Para nos melhorarmos, outorgou-nos Deus, precisamente, o de que necessitamos e nos basta: a voz da consciência e as tendências instintivas. Priva-nos do que nos seria prejudicial.

Assim registrou Kardec!

Para concluir os pareceres de Espíritos amigos cito mais dois:

a) André Luiz, em *Ação e reação*, no capítulo 2 – *Comentários do instrutor*, conta que o mentor Druso informa a outro Espírito que, sob hipnose, a memória pode regredir e recuperar-se por momentos; contudo, adverte que isso é um fenômeno de compulsão, contrário à natureza.

Obs.: Em face do exposto, depreendo que se no Plano Espiritual isso ocorre, nada obsta que igualmente no plano material também, talvez até com maior gravidade. Assim, a advertência é valida em ambos os casos. Sem mais comentários...

b) Até mesmo alguns espíritas agregaram a TVP às suas atividades socorristas *a encarnados,* vendo nela um bálsamo para situações-limite de desespero ou de neuroses incuráveis, àqueles que junto a eles buscam alívio.

Não foi sem razão, pois, que o Espírito Emmanuel, há cerca de vinte e dois anos, trazendo mais bênçãos pela psicografia do médium Chico Xavier, ratificou, literalmente, a posição de Kardec quanto às inconveniências de *encarnados* se lembrarem do passado. Emmanuel, concorde com Kardec, é categórico em suas reflexões sobre a TVP, não deixando quaisquer dúvidas sobre o emprego, ou não, dessa terapia.

Por ser assunto de grande interesse, não apenas de espíritas, mas também de muitas outras pessoas, transcrevo na íntegra os esclarecimentos de Emmanuel, registrados pela via mediúnica de Francisco Cândido Xavier:

> Se fomos trazidos à Terra para esquecer o nosso passado, valorizar o presente e preparar em nosso benefício o futuro melhor, porque provocar a regressão da memória do que fomos ou fizemos, simplesmente por questões de curiosidade vazia, ou buscar aqueles que foram nossos companheiros, a fim de regressar aos desequilíbrios que hoje resgatamos? A nossa própria existência atual nos apresentará as tarefas e provas que, em si, são a recapitulação de nosso passado em nossas diversas vidas, ou mesmo, somente de nossa passagem última na Terra fixada no mundo físico, curso de regeneração em que estamos integrados nas chamadas provações de cada dia. Por que efetuar a regressão de memória, unicamente para chorar a lembrança dos pretéritos episódios infelizes, ou exibirmos grandeza ilusória em situações que, por simples desejo de leviana retomada de acontecimentos, fomos protagonistas, se já sabemos, especialmente com Allan Kardec, que estamos eliminando gradativamente as nossas imperfeições naturais ou apagando o brilho falso de tantos

descaminhos que apenas nos induzirão a erros que não mais desejamos repetir? Sejamos sinceros e lancemos um olhar para nossas tendências.

Mensagem recebida em Uberaba (MG), em 30 de julho de 1991. Texto completo no cap. 11 do livro *Lições de sabedoria*, da *Folha Espírita*, 1996.

## 5.5 TVP – RESPONSABILIDADES E RESULTADOS

Como espírita, não levanto quaisquer barreiras à TVP praticada na seriedade dos consultórios médicos, como ajuda a eventuais enfermos, quase sempre portadores de traumas psicológicos. Quanto aos resultados desse tratamento, positivos ou negativos, aguardo que o tempo, somente o tempo, venha a ser o avalista dessa prática, algo novidadeira. Porque não basta um paciente sair exultante do consultório, depois de submetido à TVP, conhecendo a raiz da árvore que hoje lhe oferta frutos amargos.

É preciso verificar o que vai ocorrer no período que compreende a poda dessa árvore e a extração da respectiva raiz. Que ferramentas serão empregadas, que tempo será gasto, que reações surgirão no solo...

Respeito os profissionais da TVP, na sinceridade do exercício de auxílio. Apenas me resguardo de considerá-la como viável a qualquer pessoa traumatizada. E, como os psicólogos nem sempre aceitam a reencarnação, ou se a aceitam nem sempre terão estudado o que dela ensina o Espiritismo, cuido que podem estar tateando em algo que lhes foge ao conhecimento.

Tudo isso, sem considerar que até mesmo aos mais estudiosos da Doutrina Espírita lhes foge o conhecimento de *todas* as injunções reencarnacionistas. O que deve ser cuidadosamente analisado é até que ponto o ser humano, encarnado, está apto a investigar suas vidas passadas.

## 5.6 TVP PARA DESENCARNADOS (NA REUNIÃO MEDIÚNICA)

Pela minha vivência de quase vinte e cinco anos em reuniões mediúnicas de desobsessão, tenho a firme convicção de que o próprio Plano Espiritual é sumamente cauteloso na abordagem do passado aos Espíritos necessitados que ali comparecem. Fazer-lhes recuar no tempo, em busca de notícias fiéis de quando começaram os dramas dolorosos de que geralmente são portadores, é medida extrema, indicada apenas em situações especiais. Considerando que por decisão divina estamos sempre evoluindo (graças a Deus!), eventual visita a vidas passadas não deve ser nada agradável... Além do mais, o visitante espiritual empedernido, convidado a fazê-lo, bem poderá mentir e com isso levar o doutrinador a acreditar no que diga... Repito: isso, só em situações especiais.

Como exemplo de situação especial, cito o caso em que o obsessor, às vezes depois de reiteradas visitas aos centros espíritas, em todas recebendo esclarecimentos, mas mantém irredutíveis ideias de vingança, julgando-se *vítima*. O recuo no tempo, nesse caso, como recurso extremo (onde cooperam os médiuns, sob coordenação dos Espíritos protetores), indo à origem da trama, mostra a esse obsessor que, ao contrário do que pensa, tem o mesmo grau de culpa. Conscientiza-se de que, na verdade, ele e o perseguido são réus, por infratores da Lei de Amor.

Esse exemplo ilustra TVP parcial, aplicada a um Espírito endurecido, obsessor, num caridoso ambiente de Centro Espírita, em reunião mediúnica.

Enunciarei outro exemplo, agora no Plano Espiritual, entre desencarnados esclarecidos, pontificando a cautela sobre esse recurso terapêutico: no livro *Nosso lar,* capítulo 21 – *Continuando a palestra,* adverte o autor espiritual, André Luiz, que querendo conhecer o passado, foi advertido por um Espírito amigo que para isso é preciso grande equilíbrio, pois "todos temos erros clamorosos nos ciclos da vida eterna" e que reminiscências provocadas, não raro, "tendem ao desequilíbrio e à loucura". Esse mesmo Espírito narrou que, com o cônjuge, já em exercício fraternal em *Nosso Lar*, submeteram-se ao mais rigoroso exame por seu assistente; a seguir foram aconselhados a, por dois anos, sem prejuízo de suas tarefas diárias, conhecerem suas próprias memórias, em arquivos no Ministério do Esclarecimento; submetidos a delicadíssimas operações psíquicas por magnetizadores daquele ministério, tomaram conhecimento integral de trezentos anos! Fases anteriores não lhes foram permitidas, por incapacidade de suportarem tais lembranças...

## 5.7 Eu fui...

Entre os espíritas, não todos, mas muitos, há a "suspeita" muito forte de terem vivido como nobres, de preferência na França, e mais preferencialmente ainda, na época dos *Luíses*.

Da minha parte, sem intentar fazer humor, nunca ouvi um desses tais opinar que tenha sido escravo ou apenas um serviçal... Por que será? Talvez porque já tenham mesmo vivido na Europa (na França, sim, por que não?), considerando-se que o continente americano tem pouco menos de quinhentos anos de colonização. E os humanos, já estamos no reino hominal *civilizado* há bem mais do que cinco séculos... Assim, podemos ter sido habitantes da Ásia, da Europa ou da África. Ou desses três continentes.

Agora, cuidado: desejar ter sido nobre francês pode trazer o inconveniente de ter sido cliente da guilhotina... Melhor será ter vivido como plebeu ignorado, rural se possível, pois não? O problema é que a prática de se imaginar no passado e se ver na pele de algum vulto famoso vem sendo incentivada, indiretamente, por alguns espíritas, que até promovem publicação disso.

Por outro lado e a bem da verdade, não sou dos que aceitam essas informações, tidas como verdadeiras, mesmo respeitando o canal (consagrados autores dos textos e editoras sérias) que as expõe. Mas daí considerá-las falsas seria no mínimo leviandade, senão imperdoável grosseria. Nesse passo sinto-me alcançado por pequeno desconforto, qual seja o de respeitar as fontes, mas não o de crer em todas as suas informações.

Defino-me: minha discordância é quanto à ampla divulgação desse tipo de "informação", que ao espírita não o faz mais espírita, nem torna mais forte sua crença na reencarnação. Quanto aos que não aceitam as vidas sucessivas, soa como piada.

Eu nem penso em desvendar o que fui, pois se fosse bom não me cercariam tantos limites... Pelo exposto, sou de parecer que a TVP é assunto da Psicologia, sem assento no Espiritismo. Seu emprego, pois, deve condicionar-se ao profissionalismo. Por isso, inaceitável sua prática nos centros espíritas.

## 5.8 Terapia de Vidas Futuras (TVF)

Muitas são as pessoas que gostariam de conhecer o seu futuro. Para tanto, valem-se de expedientes os mais esdrúxulos. Sem nenhuma cautela agem esses candidatos a viajores do tempo, desprovidos do conhecimento das Leis Divinas e logo encontram espertos adivinhadores, que sem dificuldades, transferem dinheiro, deles ("clientes"), para seus bolsos.

Adivinhos sempre anunciam coisas boas, prosperidade, amores fantásticos. Fortuna, invariavelmente... Todos os que assim buscam burlar a marcha do tempo, antecipando-lhe conhecer acontecimentos futuros, merecem mesmo serem burlados. Que é o que acontece.

Alguns objetarão que muita coisa prevista por futurólogos de plantão acabaram acontecendo. É verdade. Mas, sem apelar para sofismas, qualquer um pode mesmo prever inumeráveis fatos, com precisão absoluta. Por exemplo: quando uma conhecida fica grávida, se alguém disser que será "homem", terá 50% de chances de acertar; se outra pessoa disser que será "mulher", terá se apropriado dos 50% restantes, encerrando quaisquer outros vaticínios. Meses após, quando o bebê nascer, com certeza um dos dois "adivinhos" terá acertado 100%.

Dou outro exemplo: quando um vestibulando presta concurso para ingresso à Faculdade de Medicina, alguém diz (com ar misterioso quase sempre) que "num sonho viu-o todo de branco". Se esse candidato realmente passar no vestibular, ingressar naquela Faculdade e se formar médico, aquele alguém, seis anos à frente, poderá ser tido à conta de profeta...

Esses dois exemplos, num universo de outros possíveis escancaram, não a possibilidade do futuro ser antecipado para algumas pessoas extraordinárias, mas tão somente um exercício de lógica, onde um *antecedente* gera um *consequente*, não é mesmo?

Outra não é a capacidade dos adivinhos, senão a de exercitar deduções.

Em O livro dos espíritos, às questões 868 a 871, Kardec registra detalhadas reflexões dos Espíritos Superiores, sobre os inconvenientes do conhecimento do futuro, oculto por Deus ao homem e só excepcionalmente revelado (tratando-se de um mundo mais evoluído citei hipóteses rotineiras no capítulo "Medicina espiritual": *perispiritógrafo*, anencefalia[5] etc.). A revelação do futuro, sempre parcial e espontânea, concorre para que o homem possa bem cumprir a tarefa a que tenha se proposto, antes de reencarnar. Por outro lado, noto à questão 522, que vezes há em que o Espírito guardião que todos temos nos dá a conhecer algum evento futuro, na forma de pressentimento. Isso é para nos livrar de alguma dificuldade, considerado o nosso merecimento.

---

[5] Nota do autor: Má-formação caracterizada pela ausência do encéfalo (cérebro) e incompatível com uma sobrevida superior a algumas horas. Fonte: *Grande enciclopédia Larousse cultural.*

# 6 A GENÉTICA E A ÉTICA

Acontece algo singular com relação aos avanços científicos da Genética, ligados à Ética: contrariando o lugar-comum de que todo mundo sempre tem opinião para qualquer assunto, nesse caso, a maioria das pessoas engasga antes de opinar. Esse fato insólito — alguém não ter opinião formada sobre alguma coisa — não fica apenas no terreno dos "não iniciados", mas abrange também os próprios pesquisadores da Engenharia Genética...

E a explicação é simples: cientistas, médicos, legisladores, religiosos, jornalistas, artistas etc., não conseguem vislumbrar todas as consequências das fantásticas possibilidades da área.

As descobertas envolvem tão grandes perspectivas para a Humanidade que todo o comportamento vem sendo repensado, instituindo-se normas de procedimento, em todos os segmentos sociais. Acontece que, neste caso, as normas não acompanham a velocidade das pesquisas. A Ética, simplesmente, tem que ser redefinida.

Quando falo em Ética, convém lembrar que, em síntese, ela é um manual aprovado pela sociedade, regulamentando os procedimentos do ser humano, quando agrupado, atribuindo-se a cada grupo responsabilidades específicas, tudo com vistas a uma coexistência equilibrada e justa.

O progresso das pesquisas genéticas onera o mundo com dificílima tarefa quanto à Ética. Seria mais hipocrisia, menos ingenuidade, supor que a Ciência vá interromper suas pesquisas, aguardando que a Ética se emparelhe com ela. Não é que o universo genético esteja fora de controle: na verdade, apenas, é que o progresso é inexorável e que, no mundo atual, a ética se manifesta por meio de leis. E este é o nó górdio da questão: a pesquisa pode demorar anos para prosperar, porém, obtido êxito, seu efeito é instantâneo, como em geral é imediato o usufruto de todas as descobertas. Quanto às leis que definem até que ponto é aceitável tal usufruto, elas carecem de profundas análises, diante de uma realidade que clama urgência.

Aí, o descompasso.

Sabe-se que vultosos investimentos mais e mais aportam na área da Biologia molecular. Ninguém desconhece que, na área comercial, qualquer fluxo financeiro exige refluxo: lucro. Assim, a realidade é que, com ou sem unanimidade social, os pesquisadores cada vez mais mergulharão no futuro. E, nesse caso, embora o pesquisador, no início do trabalho tenha em mira aquilo que procura, não raro, em meio a ele, os resultados extrapolam o objetivo, quando não ofertam conhecimento alheio ao buscado.

E mais: resultados buscados num determinado vetor, desviam-se abruptamente. Como exemplo, a clonagem de embriões humanos: enquanto Ciência pura foi talvez o maior feito científico de todos os tempos, no entanto acendeu formidável polêmica científica e religiosa mundial. Além disso, obrigou praticamente todos os países a reverem suas leis de fertilização assistida, saindo do tabuleiro científico e desembarcando no mercantil. Clínicas mundiais, em agressivo *marketing*, passaram a ofertar as avançadíssimas técnicas, "a preços acessíveis"...

Apenas como exemplo de conflito ético, observa-se na sociedade atual profunda divergência quanto à interrupção da gravidez (aborto voluntário). A primeira dificuldade, como mostrei em capítulo anterior, é definir quando a vida começa; eis que há um universo de opiniões a respeito, divergentes.

Os embriologistas não conseguem definir, com segurança, exatamente quando um embrião passa a ter, completos, sistema nervoso e cérebro. Por isso, não há resposta ética para a pergunta: seria lícito eliminar um embrião que já apresentasse a *linha primitiva* (primeiro vislumbre do sistema nervoso)?

Pelas religiões, vi que a resposta será não. Por outro lado, sabendo-se que na fecundação, quando há apenas uma célula, ali já se encontra um ser humano, embora em potencial, como ajuizar a proteção que a lei deverá proporcionar-lhe? Se em várias plantas um simples galho cortado e plantado pode gerar nova planta, com o ser humano isso não acontece.

Se acontecesse, já pensaram? Que destino dar a um membro nosso que fosse amputado?

Outro exemplo de problema com que se depara a Ética na atualidade: a Engenharia Genética informa com segurança a presença de problemas de genes em fetos, prevendo as doenças que surgirão no ser, após esse feto se desenvolver, nascer e crescer. Há casos de morte inexorável no adolescente do sexo masculino que, quando feto, tinha o gene da distrofia classificado.

Pergunta-se:

Os pais ou a sociedade têm o direito de evitar essa tragédia?

É lícito à Medicina expor um problema vital, sem a respectiva solução?

Que pais têm preparo psicológico ou religioso para aceitar tal informe, sem profundos desequilíbrios?

Um último exemplo de problema ético, este de imprevisíveis consequências sociais: uma das conquistas da Engenharia Genética provavelmente será a possibilidade de se saber, sobre qualquer indivíduo, submetido a teste específico, se é ou não esquizofrênico.

Pergunto e peço sinceridade dos leitores nas respostas:

Que empregador, oficial ou particular, admitiria em sua instituição ou empresa um indivíduo sabidamente esquizofrênico?

Quem o aceitaria por cônjuge, genro ou nora?

Que pais deixariam que ele, se adulto, fosse professor de seus filhos, ou, se adolescente, colega deles na escola?

Que empresas de seguros bancariam tal cliente?

Saber-se com esse mal não seria um forte indutor à depressão, à angústia, à desmotivação perante a vida, à hipocondria e até mesmo ao suicídio?

Está a criatura humana apta a conhecer o futuro?

Sem respondê-lo, a Genética já o possibilita.

A detecção precoce dos genes relacionados à suscetibilidade ao câncer — já realidade, por exemplo, no câncer de cólon, do intestino e o da mama — não levaria os indivíduos portadores desse gene à hipocondria ou, caindo em depressão, fugir do tratamento médico, fundamental para a já também possível cura?

Outro exemplo de doloroso futuro revelado: a anencefalia, como já disse, com sobrevida de apenas algumas horas após o nascimento: isso diminuiria a dor dos pais, ante a inevitável perda do filho ansiosamente esperado? Ou os levaria ao desespero e revolta? Ou a um aborto provocado?

E o que dizer dos diagnósticos precoces, em fetos, de doenças que provocarão a morte após longa sobrevida, como por exemplo, a Distrofia muscular de Duchene, ou a Atrofia espinhal progressiva?

No mundo todo, com vistas aos progressos e descobertas na área da genética, os governos cuidaram de preparar e discutir novas leis para os procedimentos e aplicações adequados. Menciono quatro exemplos, de vinte anos à atualidade:

1) O Governo Federal dos EUA, em julho de 1994, simplificou as regras de controle nos experimentos sobre terapia gênica na espécie humana.

2) Só para se ter uma ideia de como o tema é explosivo, por alterar as seculares regras comerciais da oferta e da procura, em razão das necessidades do cliente e da qualidade do produto: O Conselho da Europa, órgão em que 32 governos estão representados, preparou uma Convenção Europeia de Bioética, que bane, por exemplo, o uso de exames genéticos pelas companhias de seguro de saúde; tal dispositivo inibitório já era lei apenas na Bélgica.

3) As "fertilizações assistidas" em seres humanos se processam com uma margem de 25% de êxito, motivo pelo qual sempre são tentadas quatro fecundações *in vitro,* para cada caso.

Em abril de 1995, o Instituto Nacional de Saúde, dos EUA, uma comissão de dezenove especialistas reunidos após meses de estudos e análises em andamento, preparou e solicitou aprovação do Congresso, para as seguintes pesquisas nos embriões "em excesso", que sobravam das implantações no útero das mulheres estéreis que se submetem à gravidez decorrente de fecundação *in vitro*:

a) extração de algumas células, antes da implantação do embrião no útero, para verificar se ele carrega algum gene patogênico;

b) pesquisas em embriões desenvolvidos artificialmente, a partir de óvulos não fecundados, os quais morrerão, de qualquer modo, precocemente;

c) pesquisas em embriões viáveis existentes "em excesso" apenas até a idade de quatorze dias.

Não seriam subvencionados os seguintes estudos:

a) transferência de embriões humanos para gestação em animais;

b) manutenção de embriões após o aparecimento da linha primitiva;

c) divisão de um embrião em duas ou mais partes e sua implantação no útero para produzir gêmeos monozigóticos (clonagem).

4) No Laboratório de Vírus da Universidade de Yale (EUA), foram estudados mais de cem vírus capazes de infectar pessoas, dos quais uns vinte podem ser mortais.

Pesquisas sobre vírus sempre despertaram intensa preocupação, tendo em vista os riscos potenciais com esse material: acidentes, assaltos, acidentes de tráfego, terrorismo etc. Por isso, as pesquisas e medidas de segurança têm se robustecido de rigoroso controle. (Fonte: *Revista da USP,* nº 24, dez. 94/jan.–fev. 95).

## 6.1 Medicina fetal

Ainda no capítulo da Ética, convém sejam analisados outros pontos.

A *Medicina fetal* é uma área de atuação da Medicina geral, voltada para o diagnóstico pré-natal, incorporando os avanços da Biologia molecular às possibilidades de terapêutica intrauterina. Ocorre que, identificados problemas gênicos, surgem dúvidas do que fazer, como já foi exposto em linhas anteriores. Anomalias fetais incuráveis abrem um leque de discussões que se distende, saindo da Medicina, transitam pelo familiar-social e perdem-se ante o legal, causando desconforto e dor moral aos pais. Neles, os pais, sobrevém a tensão, eis que não são poucos os profissionais da Medicina que são contra o aborto de fetos anômalos, solução amiúde pretendida.

No Brasil, por exemplo, o aborto ainda é regulamentado pelo Código Penal, instituído em dezembro de 1940.

Em março de 2013, o Ministro da Saúde do Brasil negou as possibilidades de o Governo Federal rever a lei do aborto no país. A declaração foi contra o que defendeu o Conselho Federal de Medicina (CFM), quando pediu liberação desse método de interrupção de gravidez até a 12ª semana de gestação.

A lei brasileira permite o aborto em duas situações: quando a gestação coloca em risco a vida da mulher ou quando a gravidez é resultado de estupro.

Em *O livro dos espíritos* o aborto é diretamente tratado nas questões 358 e 359:

> 358. *Constitui crime a provocação do aborto, em qualquer período da gestação?*
>
> "Há crime sempre que transgredis a Lei de Deus. Uma mãe, ou quem quer que seja, cometerá crime sempre que tirar a vida a uma criança antes do seu nascimento, por isso que impede uma alma de passar pelas provas a que serviria de instrumento o corpo que se estava formando".
>
> 359. *Dado o caso que o nascimento da criança pusesse em perigo a vida da mãe dela, haverá crime em sacrificar-se a primeira para salvar a segunda?*
>
> "Preferível é se sacrifique o ser que ainda não existe a sacrificar-se o que já existe".

Não sei se na época da edição de *O livro dos espíritos* a Ciência já tinha condições de diagnosticar anencefalia no período da gestação. No entanto, imagino que em alusão talvez ao aborto no caso da anencefalia, eis sua enérgica repreensão:

> 360. *Será racional ter-se para com um feto as mesmas atenções que se dispensam ao corpo de uma criança que viveu algum tempo?*

"Em tudo vede o cumprimento da vontade de Deus. Não trateis, pois, desatenciosamente, coisas que deveis respeitar. Por que não respeitar as obras da Criação, uma vez que, se se não completaram, e que assim o quis o Criador? Tudo ocorre segundo os seus desígnios e a ninguém e lícito julgar desses desígnios".

Em abril de 2012, foi liberada a interrupção da gestação no caso de fetos com anencefalia. Neste caso, a mudança foi determinada pelo Supremo Tribunal Federal (STF) e não por mudança da lei. Na decisão do STF, a maioria dos ministros entendeu que feto com anencefalia é natimorto e, logo, a interrupção da gravidez nesse caso não é comparada ao aborto, considerado crime pelo *Código Penal*.

Como geralmente são os fatos sociais que induzem as leis, desde 1992, no Estado de São Paulo, há registro de três casos em que a Justiça autorizou o aborto terapêutico, em três fetos, sendo dois de 20 e um de 24 semanas. Tudo seria tão fácil se o mundo observasse a ética cristã!

Em *O evangelho segundo o espiritismo*, obra essencialmente ensolarada pela moral cristã, encontram-se palavras simples sobre a problemática da dúvida humana. No capítulo 5, item 24, por exemplo:

> Para julgarmos de qualquer coisa, precisamos ver-lhe as consequências. Assim, para bem apreciarmos o que, em realidade, é ditoso ou inditoso para o homem, precisamos transportar-nos para além desta vida, porque é lá que as consequências se fazem sentir. Ora, tudo o que se chama infelicidade, segundo as acanhadas vistas humanas, cessa com a vida corporal e encontra a sua compensação na vida futura.

No mesmo capítulo 5, item 25:

> [...] Se, no curso desse degredo–provação, exonerando-vos dos vossos encargos, sobre vós desabarem os cuidados, as inquietações e tribulações, sede fortes e corajosos para os suportar. Afrontai-os resolutos. Duram pouco e vos conduzirão à companhia dos amigos por quem chorais e que, jubilosos por ver-vos de novo entre eles, vos estenderão os braços, a fim de guiar-vos a uma região inacessível às aflições da Terra.

O Espiritismo, com as palavras acima, realça a reencarnação, configurando-a como episódios do progresso espiritual, necessários à emancipação do Espírito, mercê da quitação dos débitos morais contraídos ao longo das vidas passadas.

Não objeta a Doutrina Espírita que as dores sejam amenizadas. Tão somente preconiza que nossa vista se alongue, transpondo o horizonte terreno, para que sejam antevistas as beatitudes do Reino Celeste que nos aguardam.

Por isso, o alcance da Engenharia Genética é visto com naturalidade pelo Espiritismo. No caso da fecundação assistida, por exemplo, respondendo à pergunta se tais Espíritos vêm à luz mediante preparação espiritual, há judiciosa resposta do Espírito Emmanuel.

Eis a resposta, contida no livro *Janela para a vida*, Espíritos diversos, psicografia de Francisco Cândido Xavier. São Paulo: LAKE, 1979, cap. 1:

> Sim, quando a Ciência na Terra, iluminada pela bênção da fé na imortalidade, puder intervir no auxílio, realmente digno, junto ao trabalho da Genética no campo humano, sem nenhuma disposição para extravagâncias e abusos por meio de experimentações absolutamente desaconselháveis.

Se a própria reencarnação, por meio da fecundação assistida, obedece aos planos do Mais Alto, como duvidar que os demais progressos da Engenharia Genética também estão chegando ao planeta Terra sob supervisão do bem?

Eis aí o caminho da Ética: normas evangélicas. Caminho esse, espiritual. Espiritualizado.

# 7 A GENÉTICA E A ESPÉCIE HUMANA

## 7.1 A História dos genes e da espécie humana

Estimam os arqueologistas que há cem mil anos o homem saiu da África e chegou à Ásia, e de lá foi para a Oceania, a Europa e por fim para a América. Nas regiões menos ensolaradas, a pele negra começou a bloquear demais os raios ultravioleta, sabidamente nocivo, mas essencial para a formação da vitamina D, necessária para manter o sistema imunológico e desenvolver os ossos. Por isso, as populações que migraram para regiões menos ensolaradas desenvolveram uma pele mais clara para aumentar a absorção de raios ultravioleta. Portanto, a diferença de coloração da pele, da mais clara até a mais escura, indicaria simplesmente que a evolução do homem procurou encontrar uma forma de regular nutrientes.

Ao se espalhar pelo mundo, os humanos só tinham uma arma para enfrentar uma grande variedade de ambientes: sua aparência. Para enfrentar o calor excessivo, a altura ajuda a evaporar o suor, como é o caso dos quenianos. O cabelo encarapinhado ajuda a reter o suor no couro cabeludo e a resfriá-lo; o oposto vale para as populações das regiões mais frias do planeta. O corpo e a cabeça dos mongóis, que se desenvolveram por lá, tendem a ser arredondados para guardar calor, o nariz, pequeno para não congelar, com narinas estreitas para aquecer o ar que chega aos pulmões, e os olhos, alongados e protegidos do vento por dobras de pele.

Em 1995 foi lançado pelo Princeton University Press, Jornal da Universidade de Princeton, EUA/Nova Jersey, *The History and Geography of Human Genes (A história e a geografia dos genes humanos)*.

Informes sobre o livro:

- a obra foi elaborada por numerosos cientistas, ao longo de cinquenta anos de pesquisas em Genética de populações; o autor principal é Luca Cavalli-Sforza, da Universidade Stanford, em colaboração com os colegas Paolo Menozzi e Alberto Piazza;
- é o mais completo levantamento jamais realizado sobre as variações humanas ao nível dos cromossomos;
- a elaboração do livro o primeiro *Atlas genético do mundo* levou dezesseis anos;
- contém mais de 500 mapas, tendo sido compostos perfis de centenas de milhares de indivíduos de quase 2 mil comunidades, já assentadas desde o descobrimento da América (anterior, portanto, às grandes migrações da Europa).

O que diz esse livro?

Resumindo:

a) a África deve ter sido realmente o berço da Humanidade e todos os europeus parecem população mestiça de 65% de genes asiáticos e 35% de africanos;

b) o Cáucaso (sistema montanhoso, na ex-URSS), foi o lugar comum de passagem dos povos portadores das diferenças genéticas dos europeus (os asiáticos passaram por ali). E o Estreito de Bering (entre o oceano Ártico e o Oceano Pacífico), antes de ser coberto pelas águas, foi a ponte migratória de pelo menos três grandes grupos que vieram para a América;

c) o movimento de massas humanas passou primeiro pela Ásia, antes de chegar à Oceania (uma das cinco partes do mundo, da qual 85% são representados pela Austrália);

d) a primeira onda ocorreu de um a dois milhões de anos atrás, pelo *Homo erectus,* que saiu da África;

e) a segunda onda migratória, também partindo da África, que começou há cem mil anos, teria chegado há 65 mil anos a todos os continentes, menos à América;

f) por volta de 55 mil a 60 mil anos atrás, o cérebro do homem alcançou o seu volume atual;

g) as diferenças genéticas entre indivíduos são tão maiores que as entre grupos, que se torna sem sentido o conceito de raça, em nível genético;

h) as aparentes diferenças raciais, como as entre europeus e africanos, em geral não passam de adaptação ao clima, consequência das migrações.

Quanto a "raça", atualmente este é um conceito que obedece a diversos parâmetros para classificar diferentes populações de uma mesma espécie biológica, de acordo com suas características genéticas ou fenotípicas; é comum falar-se das raças de cães, de gado, de cavalos, ou de outros animais.

A antropologia, entre os séculos XVII e XX, usou igualmente várias classificações de grupos humanos no que ficou conhecido como "raças humanas", mas, desde que no século XX se utilizaram os métodos genéticos para estudar populações humanas, essas classificações e o próprio conceito de "raças humanas" deixaram de ser utilizados. Apenas na política persistiu o uso do termo, quando se pede "igualdade racial" ou na legislação quando se fala em "preconceito de raça", como a lei federal nº 12.288, de 20 de julho de 2010, que instituiu, no Brasil, o "Estatuto da Igualdade Racial".

Um conceito alternativo e sinônimo de "espécie humana" é o de "etnia". A palavra etnia é derivada do grego *ethnos*, que significa povo. Raça e etnia não são sinônimos, mas o conceito de raça é associado ao de etnia.

Etnia é uma comunidade humana definida por afinidades linguísticas e culturais, tais como a nacionalidade, a religião, a língua e as tradições.

A diferença entre raça e etnia é que esta compreende fatores culturais, enquanto aquela, apenas os fatores morfológicos, como cor de pele, constituição física, estatura etc.

Ademais, do ponto de vista científico, o conceito de raça não pode ser aplicado a seres humanos por não existirem genes raciais na nossa espécie; isso corrobora teses anteriores, que negavam a existência de isolamento genético dentre as populações. Assim, para a espécie humana "raça" corresponde a um conceito social, não a conceito científico.

Às questões 115 e 116 de *O livro dos espíritos* o Espiritismo proclama que "Deus criou todos os Espíritos simples e ignorantes", ou seja, sem conhecimento, que adquirirão passando pelas provas da vida (progredindo por esforço próprio, segundo a Lei de Evolução).

Em 2003 o sequenciamento genético de 94% do DNA humano foi cientificamente rastreado, como parte do Projeto Genoma. Restou comprovada a inexistência de raças humanas, ao contrário do tradicional conceito da divisão da espécie humana em raças: branca, negra, amarela e vermelha, equívoco tão defendido no passado, a partir do século XVII e aceito até o século XX.

Na verdade, há muitas diferenças físicas entre os humanos, não obstante, através o Projeto Genoma a ciência provou que tais diferenças resultaram da sobrevivência e evolução do ser humano, consideradas as condições do meio ambiente em que viviam e as do que passaram a viver.

Dessa forma, a cor da pele: branca, negra ou amarela; olhos de várias cores e puxados ou arredondados; cabelo crespo, liso, loiro ou preto — e outros caracteres físicos — se explicam por um longo e ininterrupto processo evolutivo, concluindo que a espécie humana é única e formada por indivíduos da mesma espécie.

## 7.2 Espiritismo-Ciência: evolução da espécie humana

O Espírito *Emmanuel,* em *A caminho da luz,* capítulo 3 – A raça adâmica, item Espíritos exilados na Terra, esclarece que Espíritos sofredores e infelizes, de um dos planetas da *estrela Capela,* chegaram à Terra, em exílio. Essa transferência dava sequência aos desígnios divinos, estatuídos pela Lei de Evolução, já que para os exilados era a caridosa oportunidade de resgate e, para as então assim nomeadas, raças negra e amarela (as populações humanas), que aqui habitavam, abençoado aprendizado.

Os *exilados*, por sua recalcitrância em evoluir, acompanhando os demais habitantes daquele afastado orbe, tomaram *inviável* sua convivência com eles. Aflitos e saudosos do "paraíso perdido", os degredados reencarnariam entre seres ignorantes e primitivos.

Tão longe no tempo ocorreu *essa* imigração que, quando aqui chegaram, os cooperadores de Jesus ainda operavam aperfeiçoamento biológico nas "raças" humanas. E que essas "raças" vinham da transição *animal-hominal*, passando de primatas para seres racionais. Adentrando na vida inteligente, eram almas prontas para receberem lições do progresso. E os professores chegaram, pois os alunos estavam aptos ao aprendizado.

Em tudo, sempre, o Amor, a Caridade e a Sabedoria do Pai!

Não será demais consignar o que diz Emmanuel à página 31 da obra citada, quanto à "grande transição" dos primatas: após sucessivas operações realizadas em seus corpos perispirituais (referência à Genética na Espiritualidade...), nos intervalos de suas reencarnações, passaram à forma primitiva, humanoide, que os milênios do porvir se encarregariam de aprimorar.

Emmanuel está falando de nós... Eis o "elo perdido"!

Salvo engano, além dessa, deduzo, da mesma fonte, outra preciosa informação: certamente, técnicas de uma "Engenharia Genética espiritual", manipuladas por entidades siderais, para a fixação das várias populações que iniciavam a sublime peregrinação evolutiva no abençoado domicílio terreno.

Segundo Emmanuel, esse grande acontecimento — nascimento da população terrena com a pele na cor branca — teve como palco "inicial a Ásia, de onde atravessaram o istmo de Suez para a África, na região do Egito, encaminhando-se igualmente para a longínqua Atlântida, de que várias regiões da América guardam assinalados vestígios".

Allan Kardec registra em *A gênese*, capítulo 11, nos itens 15 e 16 – "Hipótese sobre a origem do corpo humano", que o progresso do Espírito, de início, *em hipótese, poderia ter sido* por meio de reencarnações em corpo de macaco; sob a influência intelectual do novo habitante, o envoltório se modificou, embelezando-se, mantendo, contudo, a forma geral do conjunto.

Adverte Kardec no item 15:

> Fique bem entendido que aqui unicamente se trata de uma hipótese, de modo algum posta como princípio, mas apresentada apenas

para mostrar que a origem do corpo em nada prejudica o Espírito, que é o ser principal, e que a semelhança do corpo do homem com o do macaco não implica paridade entre o seu Espírito e o do macaco.

Essa hipótese que Kardec desenvolveu e a informação emmanuelina se acopla não se atritam, antes, se completam.

Reflito sobre essa afirmação, à luz do seguinte:

- Emmanuel, em *A caminho da luz*, informou que população de pele negra já existia, antes do exílio dos capelinos.
- Kardec, em *A gênese*, capítulo 11, item 39, considerou as populações "[...] negras, mongólicas, caucásicas como tendo origem própria, como tendo nascido simultânea ou sucessivamente em diversas partes do globo [...]".

Ainda Kardec, em *O livro dos espíritos*, perguntou aos Espíritos elevados que arrimaram a Codificação Espírita:

Questão 177-a: *Como se explica então a pluralidade de suas existências em um mesmo globo?*

"De cada vez poderá ocupar posição diferente das anteriores e nessas diversas posições se lhe deparam outras tantas ocasiões de adquirir experiências".

Questão 217: *E do caráter físico de suas existências pretéritas conserva o Espírito traços nas suas existências posteriores?*

"O novo corpo que ele toma nenhuma relação tem com o que foi anteriormente destruído. Entretanto, o Espírito se reflete no corpo. Sem dúvida que este é unicamente matéria, porém, nada obstante, se modela pelas capacidades do Espírito[: reencarnação][...]"

No meu entendimento, isso explica, à luz da razão, como é que em várias oportunidades nasceram crianças que com poucos anos de vida demonstraram inteligência e dons (musicais, por exemplo) inexplicáveis, a menos que se admita que, nesses casos, o corpo é de criança, mas o Espírito é do gênio ou artista de uma vida passada e que agora "revive" essa capacidade.

Tais as premissas reencarnacionistas, baseadas em raciocínio e bom senso, para os que "tenham ouvidos de ouvir que ouçam...".

Kardec, em *A gênese*, no capítulo 1, item 16, declara: "[...] *O Espiritismo e a Ciência se completam reciprocamente*; a Ciência, sem o Espiritismo, se acha na impossibilidade de explicar certos fenômenos só pelas leis da matéria; ao Espiritismo, sem a Ciência, faltariam apoio e comprovação [...]".

Recordando Albert Einstein (1879–1955), físico naturalizado norte-americano: "A Ciência sem Religião é aleijada, a Religião sem a Ciência é cega".

Nenhuma contradição: Espiritismo e Ciência, Ciência e Espiritismo, caminhando lado a lado, a par e passo.

## 7.3 Eugenia

— O que é Eugenia?

É o conjunto de métodos que visam melhorar o patrimônio genético de famílias, populações ou da Humanidade, pelo entravamento da reprodução de genes considerados desvantajosos (*eugenia negativa*), ou pela promoção da reprodução de genes considerados benéficos (*eugenia positiva*). Nestes termos, até que parece coisa boa...

Historicamente, contudo, alguns líderes políticos e cientistas a eles obedientes tentaram medidas prepotentes e discriminatórias sob o nome de eugenia, pelo que essa palavra tornou-se hedionda, desde então. O nazismo, de triste e inapagável lembrança, sob a alegação de que melhorava a espécie humana, eliminou milhões de pessoas, por ele consideradas pertencentes a "raças inferiores".

Como vimos, a Ciência comprova que, quanto a humanos não existe raça, menos ainda que, entre as populações existentes, resultantes da ação a longo prazo de seleção natural e não artificial, não difere geneticamente, entre todas, o nível médio intelectual. Assim, hoje a sociedade considera repugnante e aético melhorar o patrimônio genético de certas populações em prejuízo de outras.

Cumpre assinalar que essa posição, de favorecimento de determinada população, coloca o homem na vitrine do egoísmo, deslocando a fraternidade para o porão. Contudo, não se pode ignorar que já estão em curso, no mundo todo, algumas medidas particularidades consideradas das eugênicas, não discriminatórias, porém proibitivas à maioria das pessoas, em face do elevado custo do seu benefício. Eis algumas delas:

a) aconselhamento genético para a família, em que casais informados de riscos, evitam filhos, reduzindo genes patogênicos na geração seguinte;

b) diagnósticos pré-natais: fetos anômalos têm a gravidez interrompida, por decisão do casal, que opta pela brutalidade humana do aborto provocado, desconhecendo suas consequências espirituais;

c) nas escolas é ensinado que as crianças que nascem de uniões entre primos em primeiro grau correm um risco de cerca de 10% de apresentarem defeitos ou doenças genéticas graves, contra cerca de 4%, quando o casal não é consanguíneo;

d) a divulgação do risco de se ter filho com defeito cromossômico (especialmente síndrome de Down) aumenta com a idade materna; este risco, que é inferior a três por mil antes dos 35 anos, passa a 1% quando a mãe tem 40 anos e atinge 2,4% aos 44 anos.

De qualquer forma e em qualquer instância, a eugenia não é atributo do homem, eis que neste mundo impera o totalitarismo, pondo em risco o cumprimento de medidas geradoras de benefício mundial.

Pela Lei de Causa e Efeito, quando o homem amar a Deus sobre todas as coisas e ao próximo como a si mesmo, seguindo rota traçada por Jesus para a felicidade, indiretamente estará atraindo a eugenia natural, regida pelas leis da vida. Isso porque, sem dúvida, o material é reflexo do espiritual, sendo aquele modelado a partir do molde perispiritual deste.

Deus, o Criador de tudo, tem mecanismos sábios e incomparáveis, integralmente capazes de proporcionar benefícios para seus filhos, entre eles, quando houver merecimento coletivo, o de fazer parte de Humanidades saudáveis.

A propósito, convém relembrar Kardec, à questão 87 de *O livro dos espíritos*: *Ocupam os Espíritos uma região determinada e circunscrita no*

*Espaço?* "Estão por toda parte. [...] Nem todos, porém, vão a toda parte, por isso que há regiões interditas aos menos adiantados".

Da resposta, infere-se que os Espíritos mais avançados estão agrupados em regiões mais felizes.

E isso, de forma alguma, não pode ser tido à conta de uma "eugenia espiritual", mas tão somente, fruto de merecimento, conquistado passo a passo, qual aluno que, para frequentar a faculdade, terá, antes, percorrido os estágios curriculares precedentes. Assim também, num mundo onde impere o sentimento de vida coletiva, vivendo os habitantes unidos uns aos outros por laços cristãos, nada objeta imaginar que sejam eles saudáveis, sem que isso tenha sido fruto de medidas artificiais (genéticas).

Populações, ali, até podem subsistir. Mas sem nenhum sentimento de superioridade, nem discussões sobre crenças, menos ainda governos totalitários.

Simples questão de merecimento: Espíritos reencarnados em mundos onde haja uma única constituição, vivenciando-a no dia a dia, com toda certeza terão corpos indenes às nossas patogenias.

— Naqueles mundos, qual seria a constituição, aqui normalmente denominada "carta magna"?

— O Evangelho de Nosso Senhor Jesus Cristo!

# 8 A GENÉTICA E A LEI

## 8.1 Brasil

O início da Genética no Brasil pode ser datado de 1918 quando o assunto foi lecionado pelo Prof. Carlos Teixeira Mendes, na Escola Superior de Agricultura Luiz de Queiroz (ESALQ).

Já o desenvolvimento da Genética tomou um grande impulso a partir da década de 1930, principalmente em três centros de pesquisa biológica localizados no Estado de São Paulo: Instituto Agronômico de Campinas (IAC).

Pode-se dizer que as pesquisas brasileiras em Genética nessa época estavam divididas em duas linhas. A primeira delas se concentrava no melhoramento vegetal e era desenvolvida no IAC e na ESALQ, desde a época de sua fundação. A segunda linha de pesquisa, ligada ao estudo de animais, principalmente invertebrados, foi adotada pelo grupo da USP. Disp. em: <http://www.abfhib.org/FHB/FHB-02/FHB-v02-13-Jose-Franco-MSiao.pdf>. Acesso em 18 jul. 2013.

As informações acima foram captadas na internet, no texto de José Franco Monte Sião, sobre o desenvolvimento da Genética no Brasil (1943-1960).

O Brasil, desde a década de 70, desenvolve pesquisas na área de modificação genética.

Somente em 1995 foram regulamentados os procedimentos da Engenharia Genética, pela Lei nº 8.974, de 5 de janeiro de 1995 (publicada no Diário Oficial da União de 6 jan. 95).

Essa Lei regulamenta os incisos II e V do § 1º do artigo 225 da Constituição Federal. Estabelece normas para o uso das técnicas de Engenharia Genética e liberação do meio ambiente de organismos geneticamente modificados.

Embora a Constituição Brasileira de 1988 tenha-se referido ao assunto, decorreram sete anos para que fossem reguladas as atividades ligadas à pesquisa e desenvolvimento de organismos geneticamente modificados, conhecidos sob a sigla OGM.

Menciono, de início, o que preceitua a Constituição – capítulo 6 – DO MEIO AMBIENTE:

> Art. 225 – §1º: [...] incumbe ao Poder Público:
>
> [...] II – preservar a diversidade e a integridade do patrimônio genético do País e fiscalizar as entidades dedicadas à pesquisa e manipulação de material genético;
>
> [...] V – controlar a produção, a comercialização e o emprego de técnicas, métodos e substâncias que comportem risco para a vida, a qualidade de vida e o meio ambiente.

Lei nº 8.974/95 – Comentários:

Essa é a chamada "Lei de biossegurança", que regulamenta o uso da Engenharia Genética no Brasil. Visa a proteger a vida e a saúde do homem, dos animais e das plantas, bem como o meio ambiente. Por essa lei, está proibida a manipulação genética das células germinais (reprodutivas) humanas, técnica que poderia eliminar problemas genéticos (doenças hereditárias) de populações inteiras.

Também restringe a produção de embriões humanos.

Crimes na área da Engenharia Genética podem resultar em penas de até vinte anos de detenção.

## 8.2 Restrições

Sérgio Danilo Pena, médico brasileiro, geneticista e pesquisador da Universidade Federal de Minas Gerais, considera inadequada ao uso atual da técnica a proibição da intervenção em material genético *in vivo,* exceto para defeitos genéticos (Art. 8º, inciso III). Isso, porque a melhor aplicação médica da terapia genética é em doenças não genéticas, como o câncer.

Nilson Donadio, presidente da Comissão Nacional de Técnicas de Reprodução Assistida, considera problemática, por trazer dúvidas, a proibição de armazenamento de embriões humanos destinados a "servirem como material biológico disponível". No caso da fertilização *in vitro* (os "bebês de proveta"), a mulher tem embriões implantados em seu útero, numa primeira tentativa de gravidez; caso o embrião não sobreviva, recorre-se a outros embriões do casal que foram mantidos congelados para esse fim; com a lei, ficaria proibido o armazenamento de embriões para serem implantados posteriormente (Fonte: *Folha de S. Paulo,* 7 jan. 95).

## 8.3 Anomalia fetal

Aos verdadeiros espíritas e aos verdadeiros cristãos, que são a mesma coisa, não ocorreria solucionar um caso de anomalia fetal através do aborto provocado. Intuem que nada ocorre por acaso.

Sobre tais casos leciona o Espiritismo: se um filho que vai chegar vem trazendo bagagem orgânica desestruturada, não há erro no endereço de aporte, nem equívoco da Natureza. Estão esses pais diante de um dos dolorosos casos em que a fé na Justiça de Deus oferta compreensão suficiente para a aceitação. Não havendo efeito sem causa, o Espírito a assim reencarnar, para certamente desencarnar no pós-parto, está em processo de recomposição do seu perispírito, por ele mesmo destruído em vidas passadas, de muitos e graves erros. Tal ocorrência até pode se repetir...

Talvez com impropriedade comparo tal fato como a sequência de cirurgias plásticas a que é submetida uma vítima de grave acidente, com lesões múltiplas. No caso do perispírito muito danificado, tais reencarnações representam as primeiras cirurgias de refazimento estrutural, para outras que ocorrerão, eliminando sequelas.

A ninguém compete julgar, senão à própria consciência, motivo pelo qual essa suposição tem que se revestir de prudência, pois ninguém conhece seu passado...

Porém, imagine o leitor que um casal sem esse entendimento da vida receba a informação médica de que a criança, cujo nascimento tanto aguarda, não passa de um feto com anencefalia. (A anencefalia, já dito, é a falta total ou parcial do encéfalo, que é a parte do sistema nervoso que compreende cérebro, cerebelo e bulbo raquiano).

Tal informação não significaria submeter a gestante à tortura de alimentar/sustentar em seu próprio útero uma vida/não vida? E também, ao futuro pai, como administrar tão sinistra situação?

Como reagirá esse casal?

Dez, em dez casos, optarão pela interrupção da gravidez, nisso sendo apoiados, senão pelos médicos, pelo menos, em alguns casos concretos, pela Justiça. Já houve autorização judicial de interrupção oficial, por médico, em hospital público ou da rede privada, de tal gravidez, tanto no Paraná, em dezembro de 1992, quanto em São Paulo, em novembro de 1993.

O Código Penal Brasileiro data de 1940, época em que a problemática em questão sequer era cogitada, motivo pelo qual tal aborto nele não encontra arrimo legal.

A área da Medicina fetal é uma das mais inovadoras, sendo possível somente há pouco tempo o conhecimento da anencefalia pré-parto, motivo pelo qual não há lei que oriente os procedimentos médicos e éticos.

Está em estudo, por uma comissão nomeada pelo Governo, a reforma do Código Penal, havendo projetos inovadores, tipificando crimes no campo da Engenharia Genética. Uma primeira proposta vai desde a inseminação artificial sem o consentimento da mulher, passando pela comercialização de embriões humanos e pela transferência de embrião entre espécies diversas.

O único crime definido é o da inseminação artificial contra a vontade da mulher. Outro certo é o de "barriga de aluguel", sob comercialização, ou fora das deliberações do Conselho Federal de Medicina e Conselhos Regionais de Medicina.

## 8.4 Ações legais em outros países
### relativas a anomalias fetais

### 8.4.1 EUA

Houve recomendação para que se evitasse a introdução prematura de um teste genético na rotina do dia, para detectar portadores de fibrose cística (doença que atinge crianças e adolescentes, afetando os pulmões e o pâncreas).

No início da década de 70, o Governo iniciou um programa destinado a identificar os portadores de uma doença hematológica, entre os ascendentes afro-americanos, nos quais o gene causador era comum. A falta de informações e aconselhamento sobre o programa desembocou em discriminação da comunidade negra, com prejuízos em novos empregos e seguro de saúde.

### 8.4.2 Grécia

Foi um sucesso o programa realizado em Chipre, para identificar os portadores da doença hematológica talassemia (síndrome anêmica), comum entre a população local.

### 8.4.3 Reino Unido

Alguns centros realizaram, na década de noventa, um balanço dos portadores da fibrose cística, particularmente comum entre caucasianos. Com um correto aconselhamento, 85% dos portadores ficaram satisfeitos ao saber da sua carga genética. Em razão dos testes pré-natais para o feto, as pessoas passaram a ter melhores condições de ajuizar quanto a novas gestações, por terem reconhecido que a doença é menos grave do que supunham.

### 8.4.4 Índia

O Parlamento indiano, em Nova Deli, na década de noventa, proibiu a realização de testes genéticos que determinassem o sexo do feto, para poder coibir o aborto seletivo de fetos do sexo feminino, que representam um encargo financeiro adicional naquela sociedade.

### 8.4.5 Noruega

O parlamento norueguês, em Oslo, legislou nos anos noventa: "É proibido requerer, receber, possuir ou utilizar informação genética referente a um indivíduo proveniente de um teste genético". Somente médicos e instituições clínicas autorizadas se excluem da proibição.

### 8.4.6 União europeia

Há busca de consenso entre os países-membros, particularmente quanto à reprodução assistida. Cuida-se de normatizar os procedimentos quanto à infertilidade, já que pacientes de um país europeu, onde haja restrições legais, dirigem-se a outro, onde sem maiores dificuldades conseguem, científica e legalmente, a fertilização que anelam.

## 8.5 Leis humanas

Atualmente, vislumbra-se para algumas décadas a decomposição da estrutura pessoal, física e psíquica do ser humano, através da identificação genética. Se atualmente a nossa própria Constituição garante a intimidade do indivíduo, cada vez mais a Ciência obriga a sociedade a repensar suas leis. Por exemplo:

- na França, no campo das experiências farmacológicas, tem-se aplicado uma droga que limita, temporariamente, os impulsos sexuais dos estupradores. Quando for possível a intervenção nos genes, em seus pares de cromossomas e em seus núcleos, as mudanças serão mais profundas e permanentes;
- nos EUA, estão sendo avaliadas a engenharia genética e a química farmacêutica para o combate dos delitos, decorrentes de desvios psiquiátricos dos criminosos, sobretudo quando relacionados com a violência contra a pessoa.

## 8.6 Leis Divinas

Sabemos, os espíritas, que as qualidades boas ou más do Espírito são fruto de acumuladas experiências em vidas sucessivas, formando um painel individual de comportamento — no bem, ou no mal. Por meio das várias etapas reencarnatórias, quase sempre tendo a dor por companheira, o ser humano vai evoluindo espiritualmente, sanando defeitos morais e adquirindo virtudes.

Esse contexto demonstra a Bondade do Criador em proporcionar repetidas oportunidades aos réprobos, induzindo-os ao progresso moral e fazendo-os encontrar a felicidade.

Agora, se a Engenharia Genética acena com transformações psíquicas instantâneas, não há como excluir desse panorama a intercessão dos mensageiros celestiais, concedendo à Terra tal avanço científico. Os beneficiados, talvez os inquilinos terrenos ainda deste milênio (o terceiro), guardadas as molduras que o tempo coloca em cada época, penso que podem ser comparados àqueles cegos, paralíticos, leprosos e endemoninhados que Jesus curou, também instantaneamente.

Evangelho na mente, Lei de Justiça na razão, imagino, com muita sinceridade, que só serão beneficiados por quaisquer avanços da Ciência e em particular tais programas geneterápicos *aqueles que tiverem merecimento.*

Os avanços da Genética, mais do que quaisquer outros, trazem indicativos de que tal progresso científico constitui um verdadeiro despertamento para as coisas do Espírito. É chegada a hora de o homem olhar mais para o Mundo Espiritual, onde encontrará a saída dos atuais labirintos a que a razão terrena é lançada.

Ao Espiritismo em geral, e aos espíritas em particular, cabe a tarefa de fincar setas indicativas conducentes ao Evangelho, onde brilha a luz de Jesus, iluminando todos os corações de boa vontade.

A Lei Divina, desde o ingresso do homem no reino da inteligência, está balizada em todas as esquinas da vida, nas quais ele passa, desde os segredos profundos do tempo.

*Onde está escrita a Lei de Deus?*

"Na consciência." (q. 621 de *O livro dos espíritos*).

# 9 A GENÉTICA E O CATOLICISMO

Sendo a Genética a Ciência que estuda os fenômenos vitais, quanto à hereditariedade, o seu atual progresso passou a ocupar destaque no pensamento religioso.

Neste trabalho, cuidarei de algumas considerações levantadas pelo Catolicismo, sobre as incipientes, porém fantásticas experiências a respeito da manipulação da vida.

— Por que o Catolicismo?

— Porque é da Igreja Católica que se ouve, praticamente no mundo todo, enérgica oposição à Engenharia Genética. Isso, a partir de orientações emanadas de Roma, em março de 1987, quando o Vaticano divulgou a "Instrução sobre respeito à vida humana nascente e à dignidade da procriação. Respostas a algumas questões atuais".

Em resumo, eis as instruções:

- deve ser respeitada a existência do ser humano, como pessoa, desde os embriões humanos;
- só é lícita a intervenção no embrião humano se for para melhora de suas condições de saúde e sua cura, sem causar nenhum dano à sua integridade, nem à mãe;

- deve ser considerada contrária à moral a obtenção de um ser humano com ausência da prática sexual, fruto do matrimônio, incluindo-se aí a partenogênese (reprodução a partir de um óvulo não fecundado) e a clonagem;
- congelar embriões humanos deve ser considerado ofensa ao ser humano;
- por fidelidade conjugal só será lícito ser pai ou mãe exclusivamente um por meio do outro;
- pela moral, é inaceitável fecundação artificial de mulher solteira ou viúva, qualquer que seja o doador do esperma;
- há necessidade de compreensão para o quanto sofrem pais que não podem ter filhos ou que os têm inválidos, devendo sua aflição ser devidamente valorizada — o filho não é objeto de propriedade paterna: é mais um dom, fruto abençoado da doação mútua dos cônjuges; assim, tem por direito ser respeitado como pessoa desde sua concepção;
- as leis civis de muitos Estados consigna legitimidade indevida a certas pesquisas, sendo incapaz de acoplar as exigências humanas à moral das "leis não escritas" gravadas pelo Criador no coração humano;
- dever que se impõe aos homens de boa vontade e aos pesquisadores biomédicos em particular é a resistência às atividades opostas à vida e à dignidade do homem.

Não irei aqui apreciar, e menos discutir, a competência ou autoridade das incontáveis vozes católicas que já se ergueram em advertências indissociáveis do cenário das pesquisas genéticas. São respeitabilíssimas.

Englobei neste capítulo essas manifestações católicas, exaradas em várias partes do mundo, demonstrando que constituem um denominador comum do pensamento ortodoxo, seguindo orientação papal. Eis as pesquisas, os fatos e as opiniões.

## 9.1 CLONAGEM DE SER HUMANO

Em outubro de 1993, Jerry Hall e Robert Stillmal, dois professores da Universidade George Washington, anunciaram um dos maiores feitos científicos do homem: uma cópia artificial de um ser humano!

Em linguagem técnica, haviam produzido um clone humano. Depressa anunciaram a seguir que no sexto dia, por questões éticas, interromperam a experiência, destruindo os dois embriões (o original e a cópia perfeita). Aduziram que o embrião original era composto de células anormais (sem chances de se desenvolver num bebê), propositadamente escolhidas no estoque de pesquisa que a universidade mantém nos seus laboratórios.

O Vaticano, por seu porta-voz da Santa Sé alertou os pesquisadores para que "evitassem enveredar pelo túnel da loucura".

## 9.2 Planejamento familiar

No Brasil, coerente com o alerta do Vaticano, Dom Lucas Moreira Neves, cardeal-arcebispo de Salvador (BA) e primaz do Brasil, considerou (no jornal *O Estado de São Paulo*, 12 de janeiro de 1994) a ousada clonagem humana realizada por Hall e Stillman um desafio à comunidade científica mundial e às igrejas cristãs.

Proclamou ele que, conquanto eventualmente benéfica à saúde humana, a intervenção da Ciência não prescinde de um componente ético, o que pode torná-la inconveniente e até inaceitável. Entre essas intervenções, a moral cristã rejeita os métodos artificiais para o planejamento familiar. A mesma moral, que aceita as técnicas de cura ou de melhoria de qualidade de vida, chama a atenção contra as intervenções sobre as fontes da vida e, sobretudo, qualquer manipulação neste terreno, o mais próximo da ação do Criador. "O dom da vida só a Deus pertence", consignou.

## 9.3 Métodos contraceptivos

A posição católica sobre o item anterior é coerente com as seguintes manifestações, anteriores e posteriores à experiência da clonagem humana:
- a Encíclica (carta solene, dogmática ou doutrinária, na qual o Papa se dirige aos bispos de todo o mundo e aos fiéis) *Veritatis Splendor,* "O Esplendor da Verdade", agosto de 1993. Nessa

Encíclica, a Igreja condena a contracepção pelo uso de preservativos masculinos e a pílula anticoncepcional;
- a Congregação pela Doutrina da Fé (órgão do Vaticano responsável pela fidelidade aos dogmas cristãos), desde 1987, condena qualquer tentativa ou hipótese que exclua o relacionamento sexual com o nascimento do ser humano;
- o Conselho Permanente da Conferência dos Bispos da França, em comunicado de janeiro de 1994, condenou os atos que "suplantam a união do matrimônio" para a reprodução. Pelo comunicado, o método da fertilidade só será aceitável quando não suplante a união conjugal. Moralmente condena, por outro lado, o uso de óvulos ou espermatozoides de terceiros.

## 9.4 Aborto, eutanásia e tecnologia

Em 30 março de 1995, *foi* publicada uma nova encíclica — a *Evangelium Vitae*, "O Evangelho da Vida", na qual o Papa João Paulo II reafirmou a condenação do aborto, da eutanásia e da tecnologia que criou ameaças à vida.

Obs.: John Godfrey, geneticista da Universidade de Edimburgo (Reino Unido), apontou erros no livro *Cruzando o limiar da esperança*, do Papa João Paulo II. Godfrey considera erro do Papa assumir que há um instante onde a fertilização acontece, pois nela pode estar envolvido mais de um espermatozoide. "Além do mais", prossegue o cientista, "aproximadamente nos primeiros quatro dias, todas as características do ovo fertilizado, determinadas geneticamente, são maternais".

## 9.5 Bebê de mãe morta

Em janeiro de 1995, em Roma, uma criança nasceu dois anos após a morte da sua mãe biológica! A Igreja Católica considerou monstruosa a tecnologia que o permitiu. No jornal do Vaticano *L'Osservatore Romano* foi dito que "é monstruoso congelar embriões como se fossem objetos e usá-los quando surgir a necessidade".

Um cardeal considerou o caso "um ato desonroso", porque produz a vida, em vez de gerá-la.

O pai do bebê pediu à sua cunhada para engravidar com um embrião formado de um óvulo da sua mulher morta, fecundado por ele. Sua mulher, com 31 anos, tinha morrido havia dois anos, no Natal de 1992, em acidente de carro. Antes de morrer, a mulher havia tentado a implantação de um óvulo seu, fecundado pelo marido. A tentativa fracassou. Mas deixou, em estoque no laboratório, outros quatro óvulos, igualmente fecundados pelo marido. Um desses foi o usado pela cunhada, dois anos depois, com sucesso.

A mulher que deu à luz a criança se tornou, além de tia, mãe. Do ponto de vista legal, essa criança é filha de seu tio e de sua tia, e seu pai biológico é seu tio.

A legislação da maioria dos países europeus proíbe a gestação de um óvulo fecundado quando um dos pais biológicos está morto. Psicólogos consideram que a criança terá problemas quando for revelada a verdade sobre sua origem...

## 9.6 CASAMENTO, FILIAÇÃO, PATERNIDADE

O arcebispo de Paris, Jean-Marie Lustiger, em entrevista concedida ao jornal *Folha de S. Paulo*, de 23 de janeiro de 1994, enfatizou as preocupações da Igreja Católica quanto às manipulações científicas da vida humana.

Opinou:

1) Um casal candidato a uma "Fivete" (fecundação *in vitro* e transferência de embrião) e à doação de um embrião, deveria oficializar esses atos na Justiça, com que surgiriam novas instituições de casamento e filiação. "Mesmo com esse rigor formal", pergunta, "será satisfatório tratar desse modo questões tão complexas como casamento, filiação e paternidade?".

2) A "reprodução assistida", do ponto de vista da Igreja Católica, suscita objeções morais insuperáveis.

3) A existência de bancos de embriões humanos conduz inexoravelmente a experiências, manipulações e desvios eugênicos.

4) A fabricação de embriões congelados é não apenas absurda, mas também trágica para o futuro de nossa civilização; o alto volume financeiro empregado nisso melhor proveito teria se destinado aos milhares de crianças que morrem de fome pelo mundo.

5) O diagnóstico pré-fertilização, podendo prevenir transmissão hereditária de certas doenças muito graves, é uma prática eugênica, que exclui aqueles seres humanos do banquete da vida.

## 9.7 Inseminação artificial e adultério

Em 1961, uma italiana separada do marido — não havia divórcio —, foi condenada por ter-se submetido a uma inseminação artificial, com esperma que não era do marido. Padres dominicanos e jesuítas debateram se tal foi adultério ou não. A Igreja Católica disse que a experiência de se manter embriões congelados era "monstruosa" e "sacrílega".

## 9.8 Gravidez pós-menopausa

Uma clínica ginecológica de Roma foi invadida em janeiro de 1994 por um grupo de britânicos, contrários à gravidez pós-menopausa. Os agressores se insurgiram contra a clínica italiana porque ali, supostamente, era facilitada a entrada de clientes do Reino Unido, onde havia proibição de tal gravidez. Como exemplo, houve o caso de uma mulher britânica, de 59 anos, que se tornou a mulher mais velha a dar à luz gêmeos, após submeter-se ao tratamento na citada clínica. Sabe-se que vários países estudam a proibição ou limitação desse tipo de tratamento.

A Igreja Católica é contra a gravidez pós-menopausa.

Quando foi perguntado a Severino Antinori, o ginecologista italiano, pioneiro da gravidez pós-menopausa, se a Igreja Católica criticava seu trabalho, respondeu: "Recebo pedidos secretos de padres para ajudar mulheres de suas comunidades. Não entendo como a Igreja pode ser contra algo que ajuda a criar a vida. Mas moro a 300 metros do Vaticano e algum dia ainda espero ser recebido pelo Papa".

São ponderadas as considerações católicas. E, também, ponderáveis.

A religião católica, é de dever reconhecer, se sustém e se mantém com hegemonia, graças à uniformidade comportamental que constitui sua hierarquia. Majoritariamente, há um denominador comum intelectual entre os seus seguidores, hierarquizados ou simplesmente fiéis, cujo numerador forma a equação que dá suporte milenar aos dogmas e à própria existência da Igreja Católica Apostólica Romana.

Não é menos verdade que, de algumas décadas a esta parte, pelo menos no Brasil (maior país católico do planeta), houve considerável mudança quanto ao fervor e vivência daqueles seculares dogmas católicos. Em razão dessa mudança, o cenário nacional católico ficou dividido em "conservadores" e "progressistas"; os primeiros, mantendo-se fiéis defensores da antiga liturgia (hóstia, incenso, coroinhas, batinas e oração), e, os segundos, adeptos da denominada Teologia da Libertação, doutrina que prega o alinhamento da Igreja do lado dos pobres, inclusive avalizando lutas de classes.

As grandes transformações pelas quais o cenário mundial está passando fizeram com que os progressistas perdessem terreno. Hoje, essa perda está sendo resgatada, por meio de vários fatos determinantes de novos horizontes políticos:

- a queda do Muro de Berlim;
- a dissolução do Comunismo;
- o avassalador crescimento das seitas chamadas "eletrônicas" (via TV); reagindo à perda maciça de fiéis, a Igreja Católica promoveu várias adaptações aos "tempos modernos". Apenas um exemplo: a chamada "Renovação Carismática Católica"[6] (RCC), movimento leigo católico, que teve origem na cidade de Campinas (SP), nos anos 70, expandindo-se rapidamente por muitos estados brasileiros.

Hoje, há mais coreografia nos rituais católicos, com algumas missas sendo animadas com abraços, cantos e mãos erguidas ao alto (à semelhança

---

[6] Nota do autor: Há aproximadamente 13 milhões de católicos carismáticos no país, no meio católico brasileiro, de acordo com a revista *Época em Destaque* de São Paulo. Dados captados na Wikipédia – a enciclopédia livre da internet.

dos cultos evangélicos e pentecostais). Em maio de 1995, em Belo Horizonte (MG), houve até sorteio de um automóvel importado depois da missa;
- finalmente, o desânimo que se abateu sobre os progressistas, em razão da não concretização dos planos teóricos, a chamada *utopia*, coração da Teologia da Libertação.

O que se nota é a busca de um fortalecimento da submissão dos prelados e dos fiéis às normas emanadas do Vaticano.

Por todas essas razões, conjecturo que a posição dos bispos, quanto à Genética, seja a posição oficial do Catolicismo.

Atenuando a fronteira conceptual que separa "progressistas" dos "conservadores", o Catolicismo vem vivenciando sua proposta em favor dos "excluídos", os pobres. Outrossim, é de justiça, a mim como espírita, reconhecer que algumas premissas católicas coincidem com o Espiritismo; as diferenças que existem entre elas devem-se à fundamental lacuna quanto aos *antecedentes* e *consequentes* dos fatos humanos nas existências terrenas: a Reencarnação! Isso porque, se for introduzido em todos os fatos que ora transitam pela Genética o componente reencarnatório, obter-se-á explicação racional para quaisquer dramas e angústias vivenciais. Ao mesmo tempo, de posse da origem ancestral (atávica) do problema, a Ciência poderá se guiar quanto ao emprego correto das técnicas genéticas, respeitando profundamente a consciência, segundo a moral cristã.

O progresso, de que a Genética é apenas parte, emana de Deus — o único Criador da Vida e Suprema Bondade.

A verdade e a caridade, em qualquer quadrante do Universo, tenham o rótulo que tiverem, sempre serão virtudes. Como tal, de inspiração divina.

Considerando que o Mestre Jesus é o governador planetário terreno, com certeza dele procedem os incontáveis aconselhamentos trazidos por seus prepostos, via inspiração ou mediúnica, respectivamente aos católicos e aos espíritas.

O Evangelho de Nosso Senhor Jesus Cristo, bússola do comportamento humano rumo à felicidade, aplicado ao conhecimento científico, indicará sempre para onde devem convergir todas as experiências: para o norte do bem.

# 10 DO LABORATÓRIO À MESA (E AO BANCO)

Quase todas as grandes empresas, multinacionais em particular, despendem anualmente elevadas somas em dinheiro, investindo em pesquisas. De alguns anos a esta parte, a Engenharia Genética passou a dividir suas atenções, mantendo, em primeiro lugar, as pesquisas de novos fármacos, mas, com intensidade crescente, as pesquisas sobre superalimentos. Os investimentos numa e noutra área são altíssimos.

Embora este capítulo seja dedicado a pesquisas com alimentos, menciono apenas um exemplo com pesquisas farmacológicas, quanto a gastos: nos anos noventa, uma empresa americana, a *Creative Bio Molecules*, sediada no Estado de Massachusetts, anunciou que fazia os primeiros testes em seres humanos de uma substância sintética que se mostrou capaz de regenerar ossos em cobaias animais; a proteína, com a ajuda da Engenharia Genética, induz o organismo a construir "pontes" de vários centímetros, ligando extremidades de fraturas ósseas que não se tocavam; essa mesma proteína estava sendo experimentada na reconstrução da dentina (tecido protetor que fica logo abaixo do esmalte dos dentes); apenas para a síntese dessa proteína, a *Creative Bio Molecules* já havia gasto US$ 20 milhões.

Deve ser considerado que os empresários, visando à saúde humana (remédios ou alimentos) e à saúde financeira das suas empresas, unem o vigor do seu dinheiro à competência dos sofisticadíssimos laboratórios que mantêm e dos pesquisadores que contratam, ambos "a peso de ouro". Anos e anos, às vezes, são gastos em pesquisas que não prosperam. Mas isso *faz parte do jogo*, eis que o próximo sucesso indenizará a própria despesa, pulverizando o prejuízo anterior.

Tal é a regra do investimento bancado por empresas: gastar primeiro, lucrar após, isto é, a atividade inicia no laboratório; em prosperando, visita a mesa dos milhões de clientes-consumidores, mundo afora; daí comparece ao banco, onde deposita os lucros, por longos períodos. Parece que, em termos de pesquisas, esse é um passo da evolução terrena: o dinheiro, por enquanto, é meta inicial e final, sendo as descobertas a intermediária, que une uma ponta à outra.

Já não se ouve falar, há tempos, de pesquisadores que ofertem ao mundo suas eventuais descobertas. Exigindo elevados passivos, anos de trabalho e muita despesa, laboratórios, pesquisas e cientistas formam hoje um oneroso tripé, sustentável apenas sob proteção patentária. Essa é a proteção que, por meio de leis, asseguram primazia e exclusividade aos autores das descobertas.

Nesse contexto, as leis das patentes são uma vasta rede, cujo emaranhado mantém cativos e submissos eventuais clientes, interessados em produzir superalimentos. A eles será repassada a tecnologia, só após a certeza de que os direitos autorais renderão dividendos — eternos, quase sempre...

Em março de 2013, o *site inovação* da Universidade de Campinas (UNICAMP) relatou que:

- atualmente, 28 países plantam lavouras geneticamente modificadas;
- o Brasil é atual "motor" mundial do uso de biotecnologia na agricultura;
- no período de dezessete anos, a área total plantada com lavouras geneticamente modificadas no mundo multiplicou-se por 100, passando de 1,7 milhão de hectares para 170 milhões, de acordo com relatório divulgado pelo Serviço Internacional para a Aquisição de Aplicações Biotecnológicas (ISAAA, na sigla em inglês), uma organização dedicada à promoção e disseminação dessas tecnologias;

- os países em desenvolvimento que mais adotam transgênicos são Brasil, Argentina, Índia, China e África do Sul;
- o Brasil é responsável por 21% de toda a área plantada com transgênicos no mundo, e está "consolidando sua posição e reduzindo consistentemente a distância que o separa dos EUA".

## 10.1 Transgenia – superalimentos

Há mais de trinta anos, os cientistas são capazes de desenvolver organismos que carregam em sua carga genética genes modificados ou oriundos de organismos de outras espécies. Isso só é possível graças a alguns conhecimentos prévios, relacionados, sobretudo, à estrutura do DNA.

A Engenharia Genética — ramo da Ciência que estuda os genomas dos seres vivos — desenvolve técnicas que permitem a inserção de genes de espécies diferentes em indivíduos aos quais se deseja alterar características impróprias para determinadas finalidades.

Citarei três exemplos dessa técnica da Engenharia Genética, porém enfatizando que, em se tratando de animais, em minha opinião, se por um lado são grandes feitos científicos, por outro, considero-os imenso desrespeito ante as Leis Naturais da Vida.

Superalimentos produzidos por Engenharia Genética:

- Salmão gigante

Em setembro de 1994, cientistas do Canadá, EUA e Cingapura afirmaram ter produzido, via Engenharia Genética, um salmão-monstro, 37 vezes maior do que salmões normais; considerava-se ser esse o maior êxito, até então, na promoção de crescimento em animais transgênicos. Nada foi informado sobre a saúde desse peixe...

Obs.: O salmão tem a carne cor alaranjada e se constitui em fina iguaria, que custa caro e pode ser consumida (para quem puder pagar) fresca, defumada, em conserva ou salgada.

- Superfrango

A Engenharia Genética, há mais ou menos uns trinta anos, mudou um hábito secular: colocou na mesa natalina, diante do peru, um concorrente desengonçado, o tecnofrango chamado *chester*, de peito e coxas enormes (*chest*, em inglês, significa *peito*). Anos mais tarde, surgiu o *fiesta*, outro superfrango; depois, surgiu o *classy*; após, o *bruster*... Todos, frangões (peso médio de 4 kg) "afilhados" de empresas multinacionais, que embora não tirando a liderança do tradicional peru, formam, contudo expressivo mercado, com toda a produção sendo incapaz de atender à demanda.

- Bezerros de proveta – carne macia

Na Universidade Estadual Paulista (UNESP), de Jaboticabal, SP, nos anos 90, obteve êxito a técnica pioneira no Brasil e América Latina de produzir bezerros de proveta. Ao dominar essa técnica, previa-se que no futuro seria produzido bezerro com o que há de melhor em todas as raças. Como exemplo, é citado o caso do bezerro zebu (de carne dura) que recebe o gene do bovino escocês *aberdeen-angus*, conhecido como a carne mais macia do mundo. O que a pecuária demoraria duzentos anos para conseguir na raça zebu, do exemplo, a Engenharia Genética faz em um minuto, no laboratório.

Em 2010, a revista *Dinheiro Rural*, edição nº 70, publicou que "A alta tecnologia ganhou um ambiente propício para se desenvolver e crescer de maneira sustentável. É aqui (no Brasil) que a técnica da fertilização *in vitro* (FIV) mais avançou no mundo. Somos os campeões dos bezerros de proveta".

## 10.2 Transgenia na agricultura

A transgenia vem sendo aplicada nas atividades agrícolas para viabilizar o cultivo de espécies vegetais mais adaptadas às necessidades humanas, como resistência à seca, incidência de pragas, adaptação a determinadas regiões, entre outras.

No Brasil, muitas variedades transgênicas já foram desenvolvidas por empresas públicas e pela iniciativa privada, como: soja e cana-de-açúcar resistentes ao glifosato; batata, mamão e feijão resistentes a vírus. As duas principais instituições relacionadas com o estudo de produção de cultivares transgênicos são a Empresa Brasileira de Pesquisa Agropecuária (Embrapa) e a Cooperativa de Produtores de Cana-de-Açúcar, Açúcar e Álcool do Estado de São Paulo (Copersucar).

O Brasil possui legislação específica para tratar da produção de transgênicos e da sua liberação no meio ambiente. A Lei 8.974/95 fez criar a Comissão Técnica Nacional de Biossegurança (CTNBio) como entidade responsável pela elaboração das instruções normativas relativas aos transgênicos.

- Milho

Na Unicamp, Campinas (SP), no seu Laboratório de Biologia Molecular de Plantas, nos anos 90, havia um programa ao custo de US$ 1 milhão, pagos pela empresa Agroceres e pela Financiadora de Estudos e Projetos (FINEP), destinado à melhoria genética do milho. Esse programa usava o mesmo equipamento que usa a Cenargen: um canhão de genes que os dispara sobre embriões a serem modificados.

- Milho precoce

Em janeiro de 2013, o programa Globo Rural noticiou que, no Rio Grande do Sul, a produtividade do milho precoce superou a expectativa. Os produtores que plantaram o milho precoce começaram o período da colheita, que mesmo com geada e granizo a produtividade estava surpreendendo.

O milho semeado em agosto de 2012 em Cruz Alta, região noroeste do RS, teve a palha dourada despontando na lavoura, anunciando que era tempo de colheita.

Outra lavoura de milho foi atingida por chuva de granizo e formação de geada durante o período de desenvolvimento das plantas, mas mesmo assim a colheita superou as expectativas. A produtividade foi maior que a da safra passada.

Na primeira safra de 2013, de acordo com a Companhia Nacional de Abastecimento (Conab), o Rio Grande do Sul colheria 4,7 milhões de toneladas de milho, alta de 40% em relação ao mesmo período do ano passado.

- Cana transgênica

O Centro Tecnológico da Coopersucar (CTC), em Piracicaba, SP, em 1995 desenvolveu as primeiras canas-de-açúcar transgênicas do Brasil.

A tecnologia empregada e o material genético modificado objetivavam, de futuro, variedades de cana imunes a pragas e doenças, com sensível redução de gastos no controle biológico e agrotóxicos. Praga da cana-de-açúcar (broca), e doenças (amarelinho, mosaico e ferrugem), chegam a provocar quebras de até 40% na produção.

Os genes inseridos na cana foram retirados de bactérias resistentes a um herbicida.

Para o combate da broca em todo o Brasil, nos anos 90, havia necessidade de se gastar cerca de US$ 7 milhões/ano.

Também em 1995, a empresa Coopersucar participava de um consórcio internacional de biologia molecular de cana-de-açúcar, cuja meta era a elaboração de um mapa genético da cana. EUA e Austrália já dominavam a técnica da cana transgênica.

Em 1995, o setor da cana no Brasil movimentou cerca de 6,5 bilhões de dólares.

Em 2010, a Organização das Nações Unidas relatou que o valor da produção brasileira de cana foi de aproximadamente 23 bilhões de dólares, correspondente a 719,157 milhões toneladas.[7]

Essa fantástica evolução produtiva, com o respectivo retorno financeiro dá uma ideia da dimensão e da importância econômica do setor, o qual há anos desenvolveu técnicas genéticas "de ponta".

Atualmente (2013), o melhoramento genético da cana-de-açúcar é realizado, basicamente, para desenvolver variedades mais produtivas e com maior tolerância ao estresse hídrico, maior resistência às pragas e doenças e melhor adaptação à colheita mecanizada (esta, para acabar com o tormento das "queimadas", altamente poluentes).

O Brasil é hoje o principal produtor de cana-de-açúcar do mundo.[4] Seus produtos são largamente utilizados na produção de açúcar, álcool combustível e, mais recentemente, biodiesel.

- Canaviais

Cerca de vinte programas desenvolvem pesquisa para o melhoramento da cana-de-açúcar no Brasil, todos em conformidade com as normas do CTNBio. A Escola Superior de Agricultura Luiz de Queiroz (ESALQ/USP) introduziu genes da soja na cana-de-açúcar, obtendo uma planta bastante resistente à broca da cana.

---

[7] Nota do autor: Dados extraídos da Wikipédia – a enciclopédia livre da internet.

Especialistas acreditam que o lançamento de variedades de cana transgênica poderá demorar ainda algum tempo devido à legislação que trata do desenvolvimento e da liberação de produtos geneticamente modificados. Em 2005, foi realizado um simpósio sobre biotecnologia da cana-de-açúcar, quando um grupo de estudo propôs a formação de um comitê multi-institucional para tratar do desenvolvimento da cana-de-açúcar transgênica no país, com ênfase na legislação e nos impactos ambientais.

Em tese, o lançamento de variedades transgênicas de cana-de-açúcar pode aumentar a produtividade canavieira através da mutação das características de resistência a herbicidas e aumento da precocidade.

- Tomates duráveis

Em 1992, surgiu o tomate transgênico, como o primeiro produto da Engenharia Genética. É um vegetal que tem a capacidade de ficar mais de quarenta dias fora da geladeira, sendo que o normal não passa de dez dias.

- Feijão: ciclo reduzido

No Brasil, técnicos da Empresa Estadual de Pesquisa Agropecuária da Paraíba (EMEPA), no início de 1994, concluíram as pesquisas que reduzem de 100 para 74 dias o ciclo (período que vai do plantio à colheita) do feijão macassar;[8] o produto é cultivado no semiárido nordestino e a redução foi obtida por meio do melhoramento genético do feijão; a redução do ciclo visa aproveitar o curto inverno na região — plantio no início do inverno e colheita antes do término das chuvas; adubado, o novo feijão aumenta em 50% sua produtividade.

- Feijão resistente a vírus

Em março de 1994, no Centro Nacional de Pesquisa de Recursos Genéticos e Biotecnologia (CENARGEN), em Brasília, estavam cem pés de feijão numa estufa protegida. As plantas receberam genes que lhes foram introduzidos, visando dar-lhes maior valor nutritivo e resistência ao "mosaico dourado", principal doença que ataca essa cultura. O importante a destacar na experiência é que o gene da resistência foi extraído do próprio vírus que causa a doença, tendo sido ligeiramente modificado, para provocar erros de cópia.

---

[8] Nota do autor: Feijão "macassar" (*Vigna unguiculata*) é uma das três espécies de feijão mais cultivadas no Brasil, onde é vulgarmente chamado de feijão de corda, caupi e outros. Predominante na região Nordeste e na Amazônia. Dados extraídos da Wikipédia – a enciclopédia livre da internet.

A meta dos geneticistas era que tais plantas passassem a produzir pelo menos 1,5% de metionina entre os componentes de suas proteínas (a metionina é um aminoácido fundamental para a nutrição humana, presente no arroz, mas não em leguminosas como o feijão e a soja). Para tanto, foi isolado o gene da metionina da castanha-do-pará, planta em que essa substância é abundante.

- Soja

A soja é uma das plantações que foi geneticamente modificada em larga escala, e a soja transgênica está sendo utilizada em um número crescente de produtos. Hoje (2013), 80% de toda a soja cultivada para o mercado comercial é transgênica. Cerca de 80% de toda a soja cultivada mundialmente é utilizada para alimentar animais para consumo humano em vez de ser consumida diretamente pelos humanos.

## 10.2.1 Gente demais ou Evangelho de menos?

Estimam os demógrafos que o mundo, dentro de alguns anos, atingirá a fantástica população de dez bilhões de habitantes.

Apenas para reflexão ("demografia espiritual"): os Espíritos André Luiz e Emmanuel, ambos pelas mãos do sempre lembrado Chico Xavier, à guisa de "demografia espiritual terrena" informaram:

a) EMMANUEL – Em *Roteiro*, Rio de Janeiro: FEB, 1952.

– Espíritos encarnados: 2 bilhões.

– Espíritos desencarnados: 20 bilhões.

b) ANDRÉ LUIZ – Publicação no *Anuário Espírita*, Araras, SP: IDE, 1964.

– Espíritos encarnados: 3 bilhões.

– Espíritos desencarnados: 21 bilhões.

Depreendo que de 1952 a 1964, aumentaram as quantidades de Espíritos, tanto encarnados quanto desencarnados.

Se em 1964 éramos 3 bilhões de encarnados e em 2013 somos mais de 7 bilhões, talvez seja permitido deduzir que no Plano Espiritual existem, proporcionalmente, maior número do que aquele citado em 1964, data da última informação espiritual (pelo que apurei em minhas pesquisas).

O Espiritismo leciona que o Espírito não é criado a partir do reino hominal, e sim, nele adentra após evoluir através de estágios em reinos inferiores, por isso suponho que aqueles que eventualmente justificam a diferença proveem de outros mundos.

A propósito, Emmanuel esclarece, na citada obra:

> [...] a Terra, nas linhas da atividade carnal é realmente uma universidade sublime, funcionando, em vários cursos e disciplinas.

Não são poucos os organismos internacionais que, preocupados com o crescente e tão elevado índice populacional, há tempos vêm alertando para o fato de que não haverá comida para todos.

A teoria de MALTHUS, Thomas Robert (1766–1834), religioso inglês preocupado com a elevação da população, para a qual faltariam alimentos — esteve em alta, do enunciado até o meio do século XX.

Eis o que pregava o malthusianismo: "a produção de alimentos cresce em progressão aritmética, enquanto a população tem a tendência de aumentar em progressão geométrica"; pobreza crescente e fome permanente seriam a resultante. "Nesse quadro", dizia Malthus, "a Natureza soluciona o problema, por meio de pestes, epidemias e guerras".

A Engenharia Genética atropela definitivamente o pessimismo malthusiano, acenando com firmeza para um futuro agrícola abundante.

Para mim não há como excluir a Engenharia Genética de um desígnio divino — outra bênção que o supremo Engenheiro do Bem nos dispensa. Aliás, Espíritos instrutores responderam a Kardec em *O livro dos espíritos*:

> Questão 687: *Indo sempre a população na progressão crescente que vemos, chegará tempo em que seja excessiva na Terra?*
>
> "Não, Deus a isso provê e mantém sempre o equilíbrio. Ele coisa alguma inútil faz. O homem, que apenas vê um canto do quadro da Natureza, não pode julgar da harmonia do conjunto".

Obs.: Penso que essa resposta é direta para os atuais (inúmeros) seguidores de Malthus, que só veem um ângulo "do quadro da Natureza", com isso tornando-se verdadeiros vendedores do caos.

Questão 704: *Tendo dado ao homem a necessidade de viver, Deus lhe facultou, em todos os tempos, os meios de o conseguir?*

"[...] Não fora possível que Deus criasse para o homem a necessidade de viver, sem lhe dar os meios de consegui-lo. Essa a razão por que faz que a Terra produza de modo a proporcionar o necessário aos que a habitam [...]".

Questão 705: *Por que nem sempre a Terra produz bastante para fornecer ao homem o necessário?*

"É que, ingrato, o homem a despreza! Ela, no entanto, é excelente mãe. [...] A Terra produziria sempre o necessário se com o necessário soubesse o homem contentar-se [...]".

Nesse contexto, permito-me incluir algumas considerações sobre a alimentação humana. O hábito humano da ingestão de carne causa muita polêmica, sem exclusão dos espíritas. Já ao tempo de Kardec o assunto criava dúvidas. Tanto assim que o Codificador do Espiritismo, em *O livro dos espíritos*, perguntou aos Espíritos instrutores, que lhe responderam:

Questão 723: *A alimentação animal é, com relação ao homem, contrária à Lei da Natureza?*

"Dada a vossa constituição física, a carne alimenta a carne, do contrário o homem se debilita. A Lei de Conservação lhe prescreve, como um dever, que mantenha suas forças e sua saúde, para cumprir a Lei do Trabalho. Ele, pois, tem que se alimentar conforme o reclame a sua organização".

Kardec era minucioso e prudente. Prova disso é que complementou o tema, perguntando logo adiante:

Questão 734: *Em seu estado atual, tem o homem direito ilimitado de destruição sobre os animais?*

"Tal direito se acha regulado pela necessidade que ele tem de prover ao seu sustento e à sua segurança. O abuso jamais constituiu direito".

Pelas respostas, é meridiano que *no estado atual* (referência à metade do século XIX, pois o *O livro dos espíritos* foi mundialmente lançado em

18 de abril de 1857), o homem ainda precisava da nutrição proporcionada pela carne, caso contrário, pereceria.

Tratar de *direito,* àquela altura, preconizava *morte dos animais,* para *segurança humana.* Hoje, com o advento das grandes conquistas científicas, a soldo muitas delas da agricultura, sabe-se que as mesmas proteínas que a carne oferta, outros alimentos também as possuem.

Para não me alongar é suficiente mencionar apenas um alimento de alto valor proteico: a *soja,* da qual o Brasil, no final do século XX era é o segundo produtor mundial, superado apenas pelos EUA. Atualmente, segundo reportagem da revista VEJA, de 1º de Abril de 2015, somos o maior exportador, do planeta, de soja (além do açúcar, da carne ovina e de frango). Oriunda da China, a soja veio para o Brasil em 1882 (depois de Kardec, portanto). Vejam os leitores, como são os caminhos da vida: a China, precisamente, é hoje a maior compradora de soja do Brasil...

Os conceitos espíritas, não poucos, advertem sobre o sofrimento dos animais, ao serem mortos para se transformarem em alimentação humana. Têm também alma e perispírito, embora diferenciados dos nossos — inferiores (q. 597-a de *O livro dos espíritos*). Reencarnam como nós, no incessante movimento pendular vida-morte-vida, próprio do patamar evolutivo do planeta Terra.

Agora, o homem usar sua inteligência, alavancar o progresso, dominar técnicas revolucionárias na pecuária, para criar novas espécies animais, ora com tamanho natural várias vezes aumentado, ora "de carne mais macia", continua, mesmo que necessário, sendo terrível equívoco. Porque, com carne dura ou com carne macia, o matadouro continua sendo o endereço das "novidades".

Ninguém se esqueça de que os animais são filhos de Deus tanto quanto todos os demais seres vivos — homens, inclusive... Seu direito à vida é exatamente igual ao nosso. Contudo, a alimentação carnívora não comporta hipocrisia ou arroubos religiosos, nem bandeiras ecológicas; a verdade cristalina, e infelizmente, é que a Humanidade *ainda* não pode dispensá-la.

Qualquer ser humano que se alimente de carne (principalmente os espíritas, como eu, que têm informações precisas sobre vidas sucessivas), não deve queixar-se de viver num mundo com tantos problemas, tantas doenças... E que nesse mesmo mundo, o nosso, a morte provocada compõe o cenário diário, com pequenos e variados lembretes nos nossos pratos: bifes, coxinhas, quibes, churrasquinhos etc. Pois, na verdade, ela (a morte provocada — morte de qualquer ser vivo) é um autêntico agenciador de patologias diversas, pelos fluidos de angústia que concentra.

Coletivamente, a Humanidade é responsável por todas as consequências das atividades humanas realizadas no mundo. Eis por que enalteço a Engenharia Genética, quando empregada em benefício da Humanidade. Na pecuária, porém, não há como esconder uma terrível sensação de tristeza e angústia.

Martin Luther King (1929–1968): pastor evangélico norte-americano, Prêmio Nobel da Paz 1964), em 1968, no seu histórico discurso público disse *I Have a Dream* (Eu tenho um sonho). Falava da necessidade de união e coexistência harmoniosa entre negros e brancos no futuro. Feito em frente a uma plateia de mais de duzentas mil pessoas que apoiavam a causa, o discurso é considerado um dos maiores na História e foi eleito o melhor discurso estadunidense do século XX numa pesquisa feita no ano de 1999.

Um congressista norte-americano considerou: "Falando do jeito que fez, ele conseguiu educar, inspirar e informar [não apenas] as pessoas que ali estavam, mas também pessoas em todo os EUA e outras gerações que nem sequer haviam nascido.

Humilde e pobremente parodiando esse grande homem eu também sonhei:

- com um mundo sem matadouros;
- animais morrendo de velhice;
- homens só com alimentação vegetal.

Deus a tudo provê! Houvesse mais caridade, inexistiria fome, pois "a terra é chã e em se plantando, nela tudo dá", como escreveu Pero Vaz de Caminha, escrivão da armada de Pedro Álvares Cabral, na *Carta* a D. Manuel, em 1500, relatando a generosidade da terra recém-descoberta: o Brasil.

A generosidade divina não contempla apenas o Brasil: as palavras de Caminha aplicam-se a todo o planeta, não importando se soja no Brasil, feijão na Índia, arroz na China, uvas no Chile, milho nos EUA, ou o trigo na Rússia.

A simples troca ou permuta desses alimentos, no mais antigo método comercial do mundo — o escambo —, proporcionaria dieta necessária e suficiente para todos os seres humanos.

Colheitas abundantes, carne abolida de todas as dietas, não é uma utopia, mas sim, o futuro da Humanidade.

A mim nada objeta deduzir que o problema da Humanidade nunca foi, nem será gente demais, mas sim, juízo de menos. Ou, melhor dizendo, muito melhor mesmo: Evangelho de menos...

# 11 ANORMALIDADES

## 11.1 Teratogenia

Para identificar mecanismos genéticos e ao mesmo tempo aprimorar técnicas, os pesquisadores, por vezes, transformam-se em verdadeiros criadores de "frankensteins". Criam monstros, por meio da interferência em embriões — sagrada matéria-prima da vida —, onde a Centelha Divina destinara forma compatível à espécie.

O ramo da Genética dedicado a tais pesquisas denomina-se *teratogenética* (produção experimental de anomalias do desenvolvimento biológico). A atividade teratogênica se faz por meio da aplicação de um agente mecânico, químico, físico ou microbiano que, aplicado ao ovo ou ao embrião em processo de desenvolvimento, determina sua transformação monstruosa.

E o meio mais empregado em tais pesquisas, obviamente: animais de laboratório. Apenas para se ter uma ideia do que já é capaz a teratogenia (Engenharia Genética de mutações), menciono apenas dois exemplos (ambos bem "indigestos"):

a) Animais sem cabeça

Pesquisadores da Universidade do Texas descobriram um gene, o "Lim 1", essencial para coordenar o desenvolvimento da cabeça, durante o período embrionário. O estudo foi realizado em camundongos. Os cientistas fizeram a seguinte experiência: com técnicas de Engenharia Genética desativaram o Lim 1 em embriões. Resultado: os animais nasceram sem cabeça, embora com base cerebral (os anatomistas consideram o limite entre a base e a parte central do cérebro justamente como a divisão entre cabeça e tronco).

A reportagem não informou como estavam as funções vitais do animal.

b) Moscas mutantes

Um laboratório suíço desenvolveu moscas mutantes com olhos nas asas, patas, pontas de antenas e outras partes do corpo. O pesquisador trabalhou com larvas de moscas, inserindo um gene responsável pela coordenação do desenvolvimento ocular no meio de genes associados ao desenvolvimento de outras partes do corpo da mosca, como asas e patas. Quando a larva se desenvolveu, os genes inseridos levaram à formação de olhos nos membros.

O cientista informou que não se sabe se os olhos fora de lugar são funcionais...

— Até onde vão essas pesquisas, que talvez tenham inadvertidamente inaugurado a teratogenia (criação de monstruosidade)?

Hoje, o que é mais impressionante, não sendo menos condenável, é o fato de que tais pesquisas são dadas à luz nos órgãos especializados da imprensa internacional, enaltecendo o feito e o autor.

Totalmente contrária à ética da vida, a única que deveria ser respeitada, tais pesquisas têm seus resultados mostrados na televisão e nos principais órgãos de divulgação: seres vivos com aberrações impressionantes. Mas, o que mais impressiona, mesmo, é que tais desastres são provocados por mentes inteligentíssimas, em ambientes sofisticados. Penso que ao menos um pouco de respeito a Deus — o Pai e Criador — não faria mal a essas mentes brilhantes, que cedo ou tarde, terão que responder perante o tribunal da consciência por seus atos.

O Apóstolo Paulo bem que dizia, há mais de dezenove séculos: "o saber ensoberbece, mas o amor edifica" (I *Coríntios*, 8:1).

## 11.2 Célula pancreática

Durante muitos anos, a Ciência buscou identificar o número de genes necessários para construir uma célula pancreática, um pâncreas, um rim ou um cérebro. Daí, isto é, de posse dessa informação, seria possível identificar quando um organismo tem desenvolvimento normal ou anormal. Pode-se presumir que recompondo o número adequado, eventuais anormalidades poderão ser sanadas.

Em 28 de agosto de 2008, foi publicado no *site globo.com*, que uma célula comum do pâncreas foi transformada em uma produtora de insulina por um grupo de pesquisadores americanos. Além de ser uma boa notícia para quem sofre com diabetes, o feito foi um grande avanço para a Medicina: pela primeira vez alguém fez isso "pulando" o estágio de célula-tronco.

Os cientistas sabem que as chamadas "células-tronco embrionárias" (que, como o nome diz, vêm do embrião) podem ser transformadas, em laboratório, em praticamente qualquer outro tipo de célula. E descobriram recentemente que tecidos adultos podem ser transformados em um tipo de células-tronco, chamadas de "induzidas" ou "iPS". Transformar uma célula adulta diretamente em outro tipo de célula adulta, no entanto, era até então impossível.

Obs.: O emprego de células-tronco ainda não está oficialmente aprovado pela Medicina, pois elas têm a propriedade de se multiplicar facilmente... E essa é exatamente a propriedade das células tumorais. Assim, o que há são probabilidades. Por enquanto, nenhuma segurança absoluta do seu emprego.

## 11.3 Nascituros com má-formação congênita

Testes em animais de laboratório nem sempre demonstram que os efeitos de novos fármacos neles se prestam a humanos... Até mesmo em animais de diferentes espécies os efeitos podem ser diferentes.

Lembram-se da talidomida?

Será sempre aconselhável conhecer a História para que erros não venham a ser repetidos... É o caso da talidomida, de triste lembrança.

Os fatos: a talidomida veio ao mercado pela primeira vez na Alemanha em 1º de outubro de 1957. Foi comercializada como um sedativo e hipnótico com poucos efeitos colaterais. A indústria farmacêutica que a desenvolveu acreditou que o medicamento era tão seguro que era propício para prescrever a mulheres grávidas, para combater enjoos matinais.

Foi rapidamente prescrita a milhares de mulheres e espalhada para todas as partes do mundo (46 países), sem circular no mercado norte-americano.

Os procedimentos de testes de drogas naquela época eram muito menos rígidos e, por isso, os testes feitos na talidomida não revelaram seus efeitos teratogênicos. Os testes em roedores, que metabolizavam a droga de forma diferente de humanos, não acusaram problemas. Mais tarde, foram feitos os mesmos testes em coelhos e primatas, que produziram os mesmos efeitos horríveis que a droga causa em fetos humanos.

No final dos anos 1950, foram descritos na Alemanha, Reino Unido e Austrália os primeiros casos de má-formações congênitas onde crianças passaram a nascer com *focomelia* (mãos e pés atrofiados parecendo inserir-se diretamente sobre o tronco). Mas não foi imediatamente óbvio o motivo para tal doença. Os bebês nascidos desta tragédia são chamados de "bebês da talidomida", ou "geração talidomida". Em 1962, quando já havia mais de 10 mil casos de defeitos congênitos a ela associados em todo o mundo, a talidomida foi removida da lista de remédios indicados.

Os Estados Unidos foram poupados deste problema graças à atuação firme em avaliar os testes clínicos apresentados pela indústria farmacológica.

Por um longo tempo, a talidomida foi associada a um dos mais horríveis acidentes médicos da história. Por outro lado, estão em estudo novos tratamentos com a talidomida para doenças como o cancro, câncer de medula e, já há algum tempo, para a lepra.

Útil em doenças, como lúpus, alívio dos sintomas de portadores do HIV, diminuição do risco de rejeição em transplantes de medula e artrite reumatoide, a talidomina é indicada em cerca de 60 tratamentos.

## 11.4 ABERRAÇÕES FÍSICAS – CAUSAS

Se alguém se defrontar com alguma aberração física em quaisquer seres vivos, considere que a Natureza não precisa de reparadores, menos ainda de críticos. A propósito, em *O consolador*, questão 39, lemos: "Quais as causas do nascimento de monstruosidades entre os homens e entre os animais?".

O Espírito Emmanuel responde, resumidamente:

> [...] entre os homens esses fenômenos dolorosos decorrem do quadro de provações purificadoras [...]
>
> [...] constituem luta expiatória, não só para os pais sensíveis, como para o Espírito encarnado [...]
>
> Quanto aos animais, temos de reconhecer a necessidade imperiosa das experiências múltiplas no drama da evolução anímica.[9] [...]
>
> A Terra é uma vasta oficina. Dentro dela operam os prepostos do Senhor, que podemos considerar como os orientadores técnicos da obra de aperfeiçoamento e redenção [...].

Todavia, conclui Emmanuel que, diante de perturbações e resistência dos beneficiados, em atividades criminosas e perversas, não se pode responsabilizar a fonte de energias puras pelos fenômenos teratológicos.

Outros distúrbios existem e outras razões devem existir para justificá-los.

Se o homem por enquanto não consegue entendê-los ou explicá-los, que faça um pequeno exercício de humildade e de fé em Deus, aceitando tais fenômenos como oriundos de leis que desconhece.

Desconhece hoje, mas com certeza as elucidará, no futuro, como vem ocorrendo desde que o homem está na Terra diante de incontáveis enigmas. Aliás, o próprio avanço da Genética, tenderá a erradicar tais acontecimentos.

---

[9] Nota do autor: O Espírito André Luiz, em *Ação e reação*, no cap. 19 – *Sanções e auxílios*, registra esclarecimentos do mentor Druso sobre a dor. No caso do "[...] animal em sacrifício [...] irresponsável [...] para desenvolver os próprios órgãos, sofrem a *dor-evolução*, que atua de fora para dentro, aprimorando o ser, sem a qual não existiria progresso [...]".

O que me parece um tanto quanto prematuro e imprudente é justamente o fato de os pesquisadores estarem palmilhando, hoje, um segmento que só deveria ser enfocado mais à frente, quando, por exemplo, as descobertas do *Projeto Genoma* e todas as resultantes da aplicação dos avanços da biogenética se completassem. Aí, então, já haveria conhecimentos suficientes para determinar o porquê das aberrações, eliminando-as.

Perdoem-me os leitores se adentro no escorregadio terreno dos sofismas, mas criar aberrações para entender seus mecanismos, visando de futuro evitá-las, assemelha-se à aplicação maciça de cocaína em um não viciado, para identificar como se processam e evoluem as reações e sequelas, para então tratar dos já viciados.

Se for contra-argumentado de que esse é justamente o roteiro das pesquisas — provocar o mal para saber como combatê-lo —, prudente seria aduzir reflexões quanto à irreversibilidade das criaturas que artificialmente nascerem portando deformações.

Não há como excluir o componente *crueldade* desse contexto. E nele, desde já, poderia ser incluído todo o universo de experiências laboratoriais com modelos animais, após cuja conclusão a cobaia tenha que ser sacrificada. Melhor seria a intensificação das pesquisas com genes clonados — sem o sacrifício da vida dos seus doadores.

Compreendo, sem hipocrisia, que a maioria das pesquisas laboratoriais com modelos animais busca o bem da Humanidade e das próprias espécies. O mundo ainda não tem gabarito evolutivo espiritual e moral para dispensar tais meios de melhoria da saúde. Isso é um fato.

O que deve ser veementemente condenado é enveredarem as pesquisas na perigosa busca do desconhecido, sem a certeza do que poderá acontecer, ou melhor, sabendo apenas que o desenlace será uma monstruosidade viva, que terá que ser sacrificada.

— Qual o piloto de provas que aceitaria decolar em uma aeronave e, sem paraquedas, rumar só para o alto até acabar o combustível?

# 12 PESQUISAS

## 12.1 Progresso

Quase todo o progresso humano decorre da descoberta de como age a Natureza em suas várias manifestações, sendo a vida, em particular, a mais sábia, sublime e profunda de todas elas.

Por isso, ocorre-me afirmar que o homem progride na razão direta em que observa e conhece as Leis da Natureza, desenvolvendo e aperfeiçoando o meio de aplicá-las, em benefício próprio ou de outrem.

O Universo é regulado por Leis Divinas de inimaginável sabedoria, imutáveis, algumas poucas das quais o homem consegue precariamente imitar.

Os notáveis pesquisadores, a maioria deles cientistas, têm um conceito de Deus muito mais intenso do que não poucos crentes. É que, a cada pesquisa, a cada passo de progresso, essas pessoas se deslumbram diante da harmonia e equilíbrio que observam nos processos da vida.

Os espíritas, na maioria, senão todos, acompanham também esse progresso, cada vez mais amando e admirando a obra de Deus, pois como asseverou Kardec, em *A gênese,* capítulo 1, item 55: "[...]*Caminhando de par com o progresso, o Espiritismo jamais será ultrapassado, porque, se novas descobertas lhe demonstrassem estar em erro acerca de um ponto qualquer, ele se modificaria nesse ponto. Se uma verdade nova se revelar, ele a aceitará".*

Aliás, destaco que ninguém mais do que o próprio Kardec, ele mesmo um cientista nato, pesquisador emérito das coisas do Espírito, consignou ainda em *A gênese*, capítulo 3, item 5: "Tendo o homem que progredir, os males a que se acha exposto são um estimulante para o exercício da sua inteligência, de todas as suas faculdades físicas e morais, incitando-o a procurar os meios de evitá-los [...]".

Isto posto, penso que o Espiritismo deve aceitar as revelações da Engenharia Genética, conquanto incipientes, desde que tenham por objetivo a melhoria da saúde humana. Há que se admitir e louvar seu caráter pesquisador e sincero, quando dirigido essencialmente para o bem da Humanidade.

## 12.2 ÁGUA-VIVA

"Quem beber desta água tornará a ter sede; aquele, porém, que beber da água que eu lhe der, nunca mais terá sede, para sempre; pelo contrário, a água que eu lhe der será nele uma fonte a jorrar para a vida eterna". Palavras de Jesus, em *João*, 4:13 e 14.

Jesus comparava a água comum ao desfrute dos gozos terrenos e a água viva à libertação, isto é, a ausência total dos desejos que abrasam a alma, os quais só a água terrena pode saciar. "Tornar a ter sede" é um indicativo de retorno, de repetição, aplicável às vidas sucessivas, necessárias à emancipação do Espírito — reencarnação.

"Ter sede", ainda, significa na metáfora crística, que o Espírito está em estado de necessidade de alguma coisa, cuja falta o atormenta.

Séculos antes de Jesus (IV, com certeza, ou mais), na Grécia eram estudados os chamados "Mistérios Eleusianos", como se fazia no Egito antigo. Num desses estudos, sobre a vida póstuma, encontra-se o chamado "suplício de Tântalo", rei lendário da Lídia (antiga região da Ásia Menor), condenado a sofrer sede perpétua no Tártaro (prisão infernal, para expiação depois da morte, dos homens ímpios): a água o rodeava por todos os lados, mas refluía dele toda a vez que tentava bebê-la; sobre sua cabeça pendiam galhos de frutas, que se contraíam quando ele estendia a mão para apanhá-las. Isto era interpretado no sentido de que quem morre cheio de desejos sensuais de qualquer espécie, depois da morte se sente ainda cheio desses mesmos desejos, mas impossibilitado de satisfazê-los.

Interessante notar que até hoje há religiões que endossam o suplício de Tântalo, com outras configurações (sofrimentos eternos aos que morrerem em pecado).

O Espiritismo, relembrando os ensinamentos de Jesus, desmitifica essa alegoria milenar, tomada verdade por mentes descuidadas. Com efeito, a reencarnação, demonstrando com lógica a Bondade do Pai, elimina o conceito de penas eternas, substituindo-o pelo de oportunidades renovadas, em vidas sucessivas, no mesmo local onde o aprendizado moral seja consentâneo com o currículo: a Terra.

Em suma, pela Lei Universal da Evolução, uma causa finita (os erros e os equívocos espirituais) jamais poderá ter efeitos infinitos (expiação eterna). É aqui que pode ser atribuída à Genética a condição de ser um dos "copos" para se colher a água viva, isto é, aquela que possibilitará saciar a "sede" advinda dos desejos terrenos, com isso proporcionando ausência de dores, de sofrimentos e de doenças. Evolução, enfim!

Kardec, à questão 8 de *O livro dos espíritos*, registra que o acaso não existe no Universo, pois todo ele é oriundo de uma causa inteligente — Deus!

Einstein disse isso mesmo:

> Eu creio em Deus... que se revela na harmonia ordenada do Universo. Eu creio que a Inteligência está manifestada em toda a Natureza. A base do trabalho científico é a convicção de que o mundo é uma entidade ordenada e compreensível e não uma coisa ao acaso. (HODSON, Geofrey, *O reino dos deuses*, Porto Alegre: FEEU, 1967, p. 16).

Aceitando Deus como Bondade Suprema e nós como seus filhos, opino que não se pode, de forma alguma, aceitar o acaso nos problemas físicos, já a partir dos embriões.

Lembrando palavras de Jesus, "até mesmo os cabelos da vossa cabeças estão todos contados" (*Mateus*, 10:30), não me acode que de forma aleatória genes se descontrolem e provoquem anormalidades.

Onde estaria a Bondade de Deus, permitindo-o?

Alguém já imaginou o que é nascer cego? Ou morto?

O que fizeram esses bebês? Qual seu erro, sua culpa? Se tais crianças não tiveram tempo de plantar nada, por que os frutos amargos que colhem?

Tais perguntas encontram resposta sensata na doutrina da reencarnação, quando diz que colhemos hoje o que plantamos ontem. Não havendo o acaso, a lógica não deixa escape: o débito desses bebês só pode ter sido contraído no passado, em outras vidas.

Aliás, mesmo aos materialistas deve ocorrer penosa dúvida, seguida de revolta, quando diante de atrocidades cometidas por pessoas que vivem no fausto e morrem de velhice, com toda assistência possível, sem jamais serem molestadas pela justiça humana.

Muitos perguntarão: como aceitar a Justiça Divina que não pune tais criaturas cruéis?

A tal dúvida, a resposta de outros pensadores: "Enquanto a má ação está verde, o perverso nela se satisfaz; mas, uma vez amadurecida, ela lhe traz frutos amargos. O homem pode passar por sofrimentos enquanto suas boas ações não amadurecem. Mas, uma vez amadurecidas, seus frutos trazem felicidade" (DHAMMAPADA. *Cânones budistas, sob forma de aforismos*. Tradução de Georges da Silva, São Paulo: Pensamento. 1978, p. 31, 32, 119 e 120).

> Tristezas, perturbações, doenças, perdas — tudo isso [...] são resultado de ações passadas, e, quando chegam, deves suportá-las lembrando de que todo mal é transitório; pertencem às tuas vidas anteriores e não a esta; não podes alterá-las; portanto, é inútil que te preocupes com elas. Pensa antes no que estás fazendo agora e que determinará os acontecimentos da tua próxima vida, pois essa tu PODES modificar. (KRISHNAMURTI, J. *Aos pés do mestre*. São Paulo: Pensamento. 1977, p. 20 e 21).

"Cada homem é o seu absoluto legislador, o dispensador da glória ou das trevas para si próprio, é o decretador de sua vida, recompensa e punição". (COLLINS, Mabel. *Luz no caminho*. São Paulo: Pensamento, 1976, p. 27).

Permitam-me, por oportuno, repetir pensamento do inesquecível médium Chico Xavier: "Embora ninguém possa voltar atrás e fazer um novo começo, qualquer um pode começar agora e fazer um novo fim".

Assim, no caso das maldades, as vítimas purgam débito do passado e os agentes os contraem para o futuro, que pode situar-se ainda nesta existência ou em outras. A Lei de Causa e Efeito — ação e reação — desliza nas dobras do tempo, e o tempo, sabemos, tem tempo...

Ora, se não há acaso para a doença, necessariamente não haverá acaso na sua cura. Uma e outra são resultado de construção; negativa aquela, positiva esta.

A Genética se insere no sublime contexto de Jesus, nosso Governador planetário, doador de benesses à Humanidade. Isso porque penso não ser exagero afirmar que o Mestre dominava as causas e efeitos da Genética material e espiritual, por inteiro, pois como explicar a cura instantânea de cegos, paralíticos e leprosos? Nessas curas, forçoso é reconhecer, havia os dois componentes: o físico e o metafísico. Os curados, pela Lei de Justiça, tinham tal merecimento e a ação do Cristo não foi intempestiva, pois tendo a dupla vista (terrena e astral) diagnosticou no perispírito deles as condições para a devida recomposição física.

Esses feitos de Jesus demonstram como roteiros reencarnatórios podem ser alterados, de uma hora para outra, desde que presente esteja o merecimento, pois do contrário haveria infração à Lei de Justiça. Aliás, havia mais cegos, mais paralíticos, mais leprosos, no entanto nem todos foram curados...

Mas, não só no Evangelho há curas instantâneas. Em todos os tempos, outras continuaram a acontecer, seja por cirurgias (úlceras, tumores, cataratas etc.), por assistência espiritual (via mediúnica, quase sempre), ou automaticamente, de forma inesperada. Todas (as do Evangelho, da Medicina, as espirituais, e as naturais), subordinam-se ao merecimento dos doentes. Isso é meridiano, em face da causalidade consubstanciada na Justiça Divina.

O detalhe dos cabelos serem contados, um a um, e das folhas, cada uma, só caírem das árvores "segundo a Vontade do Pai", não permitem que se atribua qualquer cura ao acaso. Nessas passagens, estava o Cristo utilizando metáforas, pois se dissesse, sobre os sofredores:

- seres vivos têm genótipos e são submetidos ao evolucionismo;

- as ocorrências da sua vida têm origem anterior à presente matéria orgânica, definidas por leis quânticas extrafísicas;
- tais leis são aplicáveis segundo ação e reação, obedientes a normas celestiais perfeitas e imutáveis. Quem o entenderia?

O homem, a bordo da razão, com a lógica à esquerda e a fé em Deus à direita, ficará impedido de considerar a Engenharia Genética e a geneterapia como um louco e irresponsável devaneio de cientistas ou pesquisadores.

Como também, assim equipado, ao adentrar no delicado reino das pesquisas, prudente será levar, além do instrumental necessário, o Evangelho de Nosso Senhor Jesus Cristo.

# 13 CLONAGEM

## 13.1 Clonagem natural

Consiste na multiplicação assexuada de um indivíduo vivo. Quando natural, esse processo ocorre no reino vegetal com plantas e cogumelos e no reino animal com amebas, até bactérias e vermes. A reprodução de mamíferos por clonagem é inexistente na Natureza.

## 13.2 Clonagem artificial

Tentando imitar a Natureza a Ciência desenvolveu a técnica laboratorial de cultura de tecidos, pela qual todas as células obtidas provêm de uma só delas, podendo todas se reproduzirem sob a forma de células idênticas — clones (*clone* do grego klon = broto). Tais organismos são produzidos por um único indivíduo, por meio de multiplicação vegetativa ou assexuada.

Um exemplo de clone é uma colônia de bactérias, pois uma única bactéria, dividindo-se, produz milhões de descendentes. Essa técnica é do domínio científico há muitos anos (desde 1952), sendo utilizada apenas em animais — sapos, ratos de laboratório, coelhos, ovelhas e vacas — e plantas de interesse econômico.

## 13.3 Clonagem de animais[10]

A clonagem vem obtendo razoável margem de sucesso com camundongos (de início), e a seguir, sapos, bezerros, porcos, gatos, ovelhas, cabras, macacos. Cientistas norte-americanos (da equipe da Escola de Medicina da Universidade de Pittsburgh, nos Estados Unidos) experimentaram clonar macacos, sem que prosperasse tal intento.

Não foi por falta de insistência que fracassaram:

a) no total, os cientistas gastaram 716 oócitos (células que, quando maduras, se tornam óvulos) de *macacus rhesus*;

b) após extrair o núcleo de cada um, fundiram-no com outra célula, do macaco que pretendiam clonar;

c) obtiveram alguns embriões que pareciam superficialmente normais;

d) chegaram a implantar 33 deles, distribuídos por dezesseis barrigas de aluguel, mas nenhuma das macacas ficou grávida;

e) investigando o que deu errado constataram que um processo crucial nas divisões celulares necessárias à evolução dos embriões estava falhando, já que aparentemente neles havia uma proteína não produzida quando se trata de clones...

A divisão cromossômica aberrante dos embriões dos macacos, levando esses embriões à morte, sinalizou para os cientistas que a clonagem humana pode estar muito, muito distante...

Coelhos e galinhas são refratários à clonagem com as técnicas atuais e os cientistas ainda não sabem o porquê.

No caso da ovelha Dolly, foram realizadas 277 transferências nucleares, das quais apenas 29 prosperaram (sobreviveram); dessas, que foram transferidas para barrigas de aluguel, apenas uma! logrou ser exitosa, nascendo clone

---

[10] Nota do autor: Texto extraído de KÜHL, Eurípedes. *Genética... Além da biologia*. Belo Horizonte: Fonte viva, 2004, questão 101, p. 187 a 190.

aparentemente saudável: a ovelha Dolly; os outros 28 embriões geraram fetos malformados, muitos tendo abortado e os que conseguiram nascer eram teratológicos, logo morrendo ou tendo que ser sacrificados.

A história da Dolly, porém, não terminou aí...

A aparente normalidade do seu nascimento (ocorrido em 5 de julho de 1996, mas só divulgado em 23 de fevereiro de 1997), quanto à saúde, bem depressa ficou comprometida, pois a ovelha, aos 3 anos, teve seus cromossomos estimados com idade de 9.

O Instituto Roslin, da Escócia, que realizou a clonagem da infeliz Dolly, nega que ela tenha sido vítima de velhice precoce (clonagem por célula adulta). Contudo, os cientistas, não apenas daquele país, mas também do Japão (onde camundongos são clonados e morrem de pneumonia, às dúzias), concordam num ponto: clones são frágeis.

Clones de vacas, porcos e cabras vêm apresentando problemas sérios — placentas anormais, malformações e obesidade patológica.

A vaca "Vitória", nascida em 17 de março de 2001, e que ficou célebre por ser o primeiro clone feito no Brasil, "forneceu" células de sua orelha para clonagem, tendo nascido, no início de 2003, dois clones seus "filhos". Um morreu no parto e o outro logo depois.

Ainda no Brasil, por exemplo, em 13 de julho de 2002, na Unesp – Universidade Estadual Paulista, de Jaboticabal (SP), nasceu o primeiro clone brasileiro de animal adulto — a bezerra "Penta" (alusão à conquista brasileira no futebol), que morreu em 12 de agosto de 2002 (um mês de vida...) vítima de infecção, por ser incapaz de produzir anticorpos.

Também nos Estados Unidos (no *Advanced Cell Technology* – ACT, de Massachusetts), em abril de 2003, duas vacas deram cria a filhotes que não são delas, mas clones de outra espécie, o Banteng, um tipo de gado ameaçado de extinção... Um exemplar desse gado, que morreu em 1980, em San Diego, EUA, teve material coletado, que permaneceu criogenizado até aquela experiência, muitos anos depois...

O ACT preparou 30 óvulos de vacas, extraindo-lhes o núcleo e fundindo-os com células adultas preservadas do Banteng de San Diego, sendo que dos 30 embriões originais, 11 resultaram em gravidez. Desses, só dois chegaram ao nascimento. Um deles está debilitado.

## 13.3.1 Primeiras experiências

Nos EUA, numa experiência com um sapo, obtiveram-se cinco cópias perfeitas, que inclusive coaxavam com idêntico vigor (Jornal *A Cidade* – Ribeirão Preto, SP, 16 de junho de 1993).

Em setembro de 1993, no Japão, três vacas inteiramente iguais nasceram, numa experiência bem sucedida da Universidade de Tsukuba, cuja equipe de especialistas implantou, em novembro de 1992, embriões com o mesmo material genético em sete vacas. Tal método, se comercializado, poderá gerar muitas vacas da espécie animal "ideal", para produção de carne e leite (*Folha de S. Paulo*, 18 de setembro de 1993).

Pesquisadores do zoológico de Cincinati (EUA), há alguns anos vêm congelando embriões de animais para resguardar numerosas espécies (mais de 500) ameaçadas de extinção. No congelamento, a água é extraída das células embrionárias e substituída por um anticongelante celular conhecido como criptoprotetor. Isso porque a água compõe 90% de uma célula, a qual, submetida a temperatura negativa sem esse tratamento, teria as paredes rompidas, pois a água ao congelar se dilata. Os embriões congelados podem ser mantidos ativos por milhares de anos!

## 13.4 Clonagem de seres humanos?!

Em fins de outubro de 1993, dois pesquisadores dos EUA — Jerry Hall e Robert Stillman, professores da Universidade George Washington, anunciaram um impressionante feito humano na área da Biologia: pela primeira vez na História, mãos humanas fizeram uma cópia perfeita (clone) de um embrião humano. Eis a experiência, passo a passo:

1) espermatozoides e um óvulo foram recolhidos de um estoque de pesquisa que a Universidade mantém em seus laboratórios.

2) o espermatozoide e o óvulo foram colocados numa proveta num meio que simula as condições do útero.

3) como no processo natural de fecundação, um espermatozoide penetrou num óvulo, recoberto por uma fina camada gelatinosa de proteção. Na gestação normal essa camada protetora acompanharia o embrião até sua fixação na parede do útero. Aconteceu a primeira divisão celular.

4) usando uma enzima os pesquisadores destruíram a camada protetora.

5) o embrião, nessa fase formada por apenas duas células, ficou exposto.

6) as células receberam uma nova camada protetora individual e cada uma passou a formar um novo embrião.

7) os dois novos embriões foram colocados sob uma fonte de calor em condições semelhantes às do útero materno.

8) cada embrião passou a crescer velozmente num processo que poderia resultar em dois bebês gêmeos idênticos, caso os embriões fossem implantados numa mulher.

9) os pesquisadores interromperam a experiência no sexto dia e destruíram os dois embriões (nessa oportunidade, cada embrião tinha apenas 32 células, das 10 trilhões que formam o corpo humano). Teoricamente poderiam repetir a experiência inicial, produzindo quantos embriões idênticos desejassem.

Os pesquisadores usaram células anormais, incapazes de se desenvolverem num bebê e por isso a destruição dos clones não arranhou a ética; aliás, ao contrário, salvaguardou-a. Destruir tais embriões foi ato de prudência, face à comoção social que a experiência iria causar, quando divulgada.

O Vaticano, como já foi dito, reagiu energicamente, alertando os pesquisadores para que "evitassem enveredar pelo túnel da loucura"... Outras instituições recomendaram prudência. Nesse ponto, redobraram-se as preocupações no mundo todo. As polêmicas nunca estiveram tão acesas.

## 13.5 Clonagem humana: temeridade!

A clonagem humana, pela Ciência, com vistas a quaisquer objetivos, todos temerários e equivocados, nunca poderá ocorrer em condições semelhantes aos meios naturais (caso dos gêmeos). Embora possível, recusa à razão aceitar que cientistas se dedicassem à "fabricação" de indivíduos com fins específicos, tais como superatletas, supergênios ou quaisquer outras categorias de "super".

Pensar que algum ditador tenha poder de reproduzir às centenas indivíduos com características por ele julgadas ideais, seja para o fim que for, não encontra alicerce no Espiritismo e na própria Ciência. No Espiritismo, porque a ninguém ocorre que tal avanço científico pudesse ser alocado no planeta para tal destinação, sem que entidades siderais interviessem, impedindo-o. Na Ciência, porque ela elabora que o ser humano é formado de genótipo e fenótipo, aquele herdado dos pais e este progressivo, em razão do meio em que vive e das experiências que realiza ao longo do seu crescimento.

Se, por exemplo, houvesse clonagem do melhor jogador de futebol, quem garante que os 11 clones iriam ter o mesmo gosto ou vocação para tal esporte? Lembro-me do Espiritismo, quando leciona, de forma irretorquível, que o indivíduo de hoje é a somatória das experiências vivenciadas ao longo da sua criação, nas incontáveis jornadas espirituais, ora com corpo físico, ora em Espírito.

Sem que se constitua em especulação, fica difícil aceitar que depois de tão longa trajetória que percorre o Espírito, existam dois exatamente iguais. Ainda mais 11... E, mesmo na hipótese de existirem os 11, quem gostaria de ser o técnico da seleção brasileira na hora de escolher o titular para a posição? Sim, porque todos teriam rigorosamente a mesma condição e posição...

Contudo, supondo que desandasse a consciência dos cientistas, e um ou alguns deles praticassem a clonagem humana e isso viesse a prosperar. O que aconteceria? Havendo corpos, possivelmente, seriam teratológicos. Como espírita imagino que certamente nasceriam "corpos sem alma", pois do processo estariam ausentes as coordenadas espirituais, como registrado nas questões nº 136-a e 136-b de *O livro dos espíritos*.

## 13.6 Clonagem terapêutica[11]

Como espírita sou radicalmente contrário à utilização do embrião, mesmo que na fase de blastócito, com utilização de células-tronco (embrionárias), para fins de clonagem terapêutica. Os Espíritos protetores lecionam, pela questão 344 de *O livro dos espíritos,* que na concepção inicia-se a ligação da alma ao corpo. Logo, tal procedimento constitui um aborto — crime, segundo leis da vida e, por conseguinte, diante de Deus.

---

[11] N.E.: Dados extraídos de KÜHL, Eurípedes. *Genética... Além da biologia.* Belo Horizonte, MG: Fonte Viva, 2004. cap. Células-tronco.

Alguém poderá argumentar, com base no mencionado há pouco, que o Espiritismo esclarece que há corpos sem alma (q. 136-a e 136-b de *O livro dos espíritos*) e assim sendo, o descarte de tais embriões, após deles serem extraídas as células-tronco, não constituiria aborto...

Muito bem. Contra-argumento com uma pergunta: Quem, na face da Terra, pode afirmar em qual embrião inexiste a ligação de um Espírito?

A Ciência domina técnica para obtenção de células-tronco de três formas:
- retirando-se essas células-tronco do próprio paciente (tecidos adultos);
- retirando-se as células-tronco do sangue do cordão umbilical;
- retirando-se as células-tronco de embriões.

Aliás, Deus, na sua Bondade Infinita, no tempo certo (antes que o uso das células-tronco acontecesse) já permitiu à Ciência descobrir que todos os indivíduos, mesmo e principalmente os adultos, têm células-tronco em si mesmos, propiciando autoemprego com rejeição "zero", o que dispensa as alienígenas, vindas de embriões. Ou de doadores outros!

A pesquisa com células-tronco embrionárias é inconstitucional, pois interrompe a divisão celular e impede o desenvolvimento do embrião. Inaceitável! Sob qualquer aspecto é contra a vida, atribuição única de Deus, o Supremo Criador! E não há ninguém neste mundo em condições de saber se num embrião há ou não ligação com um Espírito. Imagino que até mesmo nos embriões manipulados por fecundação artificial. Por isso, definitivamente, para mim, deve ficar descartada a terceira forma citada.

Opino firmemente que a descoberta das células-tronco constitui, *num primeiro passo*, a certeza de que essa é bênção até aqui alcançada pelas pesquisas com a clonagem, abrindo um inimaginável leque de opções na cura de doenças graves, recomposição de órgãos etc. Bênção incalculável, sublime! Embora cansativamente, repito que o emprego de células-tronco deve privilegiar, exclusivamente, finalidades terapêuticas e utilizar as retiradas de cordões umbilicais ou as células-tronco adultas.

Quanto à utilização segura (ainda inexistente...) dessas células, *num segundo passo*, é justa expectativa, empolgando o Espírito confiante e acenando ao corpo doente, com a maior de todas as forças da fé: a esperança!

## 13.7 A CLONAGEM E O ESPIRITISMO[12]

*Até onde o homem pode ir, na vã tentativa de imitar Deus?* Essa, a pergunta de pessoas e instituições aflitas de todo o mundo.

Apresento algumas proposições calcadas na bendita Doutrina dos Espíritos, que desde Kardec derrama claridades sobre os cantos escuros do pensamento.

Em primeiro lugar, recordo que o equilíbrio universal é uma demonstração da inatingível Sabedoria Divina, onde não há um único milímetro, grama, gota, molécula, célula ou átomo, vagando perdido no contexto da vida. Nada existe ou acontece, que pudesse estar excluso da Onisciência Divina. Nada mesmo!

Em segundo lugar, considero sinceramente que a evolução é plano de Deus, para tudo e para todos. Baseio-me na Lei Divina do Progresso, formulada por Kardec.

Assim, os acontecimentos, ocorram na dimensão em que ocorrerem, enquadram-se em inexorável moldura evolutiva.

Em terceiro degrau do pensamento, intuo que prepostos do Mestre Jesus zelam pelo planeta Terra, sob a direção dele, pelo que o barco terreno está em muito boas mãos.

Finalmente, emoldurando o raciocínio, a fé! Fé na Justiça Divina, na Proteção Divina, na Bondade Divina, no Amor do Criador por suas criaturas: nós!

Ora, equipados com tais emolumentos espirituais, não há lugar para temores, nem desconfianças. Os avanços da Ciência chegarão à Terra, como estão chegando, na proporção direta do merecimento planetário, muito embora, como já disse, o homem quase sempre faz inicialmente mau uso de tais sublimes adventos.

---

[12] Nota do autor: Dados extraídos de KÜHL, Eurípedes. *Genética... Além da biologia*. Belo Horizonte, MG: Fonte Viva, 2004, p. 36, q. 54.

# 14 EMBRIÕES CONGELADOS

Considerando que a vida inicia já a partir da fecundação, a muitos espíritas assalta a preocupação de como estariam os Espíritos jungidos aos embriões congelados, talvez assim permanecendo nas provetas dos laboratórios por esticados períodos. Sendo eu próprio um desses espíritas, exercitando a análise desse fato, fui à busca das possíveis respostas e apurei:

## 14.1 Corpos sem alma

Em *O livro dos espíritos* são encontradas informações esclarecedoras. Nas questões 136-a e 136-b, consta que podem existir corpos sem alma, sendo apenas uma massa de carne sem inteligência (vide reflexão a respeito no capítulo anterior).

Na questão 336, consta que Deus proveria os casos em que um corpo que deve nascer não encontrasse um Espírito para nele reencarnar-se.

Nas questões 344 a 356-b, que trata da "União da alma e do corpo", em *O livro dos espíritos*, encontrei segura orientação:
- no momento da concepção, o Espírito se une em definitivo ao corpo, por laços ainda frágeis, podendo haver mortes prematuras,

- tanto pela imperfeição da matéria, quanto, principalmente, por tratar-se de prova, tanto para ele quanto para os pais;
- há casos em que jamais houve um Espírito destinado aos corpos, nada devendo se cumprir neles.

Creio firmemente que em todas as situações Deus está presente, pelo que o acaso, em definitivo, não existe, como explicitado na questão 8 de *O livro dos espíritos*.

Ainda na mesma fonte, comentário de Kardec à questão 13 consta: Deus é "[...] *soberanamente Justo e* Bom. A sabedoria providencial das Leis Divinas se revela, assim nas mais pequeninas coisas, como nas maiores, e essa sabedoria não permite se duvide nem da Justiça nem da Bondade de Deus".

## 14.2 Réprobos arrependidos

Admiro, e muito, o médium e expositor espírita José Raul Teixeira. Em síntese, eis sua opinião sobre o congelamento de embriões, formulada em entrevista em 1994:
- conjectura que tais embriões seriam utilizados por "entidades que se oferecem para vir atender ao progresso da Ciência";
- tais entidades são devedoras da sociedade;
- devendo reencarnar "para sofrer na Terra toda gama de tormentos que produziram no passado, oferecem-se aos prepostos do progresso do planeta;
- dessa forma, são ligadas a esses embriões para que vivam hermeticamente vinculadas a eles;
- sofrerão aquele processo de mutismo, enquanto o embrião estiver congelado".

E conclui: "dessa forma, no trabalho de servir à Ciência possam conseguir o progresso, ao invés de renascerem na Terra e sofrerem situações de enfermidades variadas durante largos anos".

As reflexões desse abnegado tarefeiro espírita, em minha opinião, trazem esclarecimentos lógicos e viáveis a essa dúvida (acerca dos embriões congelados), pautados na Lei de Justiça Divina.

## 14.3 Espíritos semimortos

No livro *Nosso lar*, capítulo 27 – *O trabalho, enfim*, o Espírito André Luiz noticia a existência, naquela cidade espiritual, de uma câmara, nela situados dezenas de Espíritos "semimortos", isto é, padecendo um sono mais pesado que o de outros irmãos ignorantes; esses infelizes, mantidos assim inertes, pela Bondade Divina, por vezes permanecem dormindo longos anos, em pesadelos sinistros. Seu procedimento equivocado e nulo no bem a isso os conduziu. Como hipótese, conjecturo que podem alguns deles, a juízo das entidades que controlam as reencarnações, serem destinados a embriões congelados.

Considerando que, no momento da fecundação, o laço é frágil e ali os Espíritos são tomados de perturbação, semelhante ao sono de um encarnado (q. 345 e 351 de *O livro dos espíritos*), nada obsta que essa alocação seja benéfica a eles.

Ao tempo que auxiliam o progresso científico terreno, mantêm-se estáveis e seguros. Se devem ser transferidos para útero materno ou se a experiência será interrompida, as decisões e os procedimentos adequados são da alçada dos protetores espirituais.

## 14.4 Abrigo indevassável

Existem Espíritos infelizes, mas tão infelizes, tão devedores perante as leis morais, que incontáveis inimigos nos dois planos, espiritual e material, os buscam ferozmente, para vingança. Entre eles, como exemplo eventual, podem estar os ditadores que determinam massacres de dezenas, centenas, milhares de pessoas; ou os responsáveis por tantos e tantos abortos de equivocada conveniência; os torturadores; os "matadores de aluguel"; os caçadores impiedosos, responsáveis por dizimação de animais.

Enfim, tantos são os erros humanos...

Talvez, o encerramento num embrião congelado, constitua abrigo indevassável, paralelamente com tratamento espiritual prodigalizado por mensageiros de Jesus, que assistem a quem assim age, ou tenha agido. Tão seguro esconderijo, por tempo eventualmente longo, poderá proporcionar tempo de reflexão, para arrependimento, além de os vingadores evoluírem, por sua vez, abandonando a perseguição.

# 15 GENÉTICA E REENCARNAÇÃO

## 15.1 Responsabilidade científica

Historicamente a Humanidade sempre se dividiu ante novas descobertas. Não seria diferente agora. É incoercível o avanço científico, sinalizando mudanças radicais sobre a vida humana. Decisivamente, estamos num "mundo novo", onde se agigantam os conceitos de responsabilidade.

Seria por demais fastidioso enumerar os avanços científicos dos dois últimos séculos (XIX e XX) para neles vislumbrar a opção humana do bem ou do mal. Fico com apenas um: a energia atômica, com emprego trágico em 1945, no Japão.

Como foi que o mundo inaugurou essa poderosíssima fonte de geração de *trabalho*?[13]

Construindo bombas e eliminando, instantaneamente, 200 mil pessoas... Porém, palmilhando a estrada divina da vida, em face dos fantásticos e promissores avanços da Biogenética, cumpre a todos os homens

---

[13] Nota do autor: Em Física, *trabalho* (normalmente representado por *W*, do inglês *work*, ou pela letra grega *T*) = quantidade de energia recebida por um sistema material que se desloca sob o efeito de uma força que é igual ao produto escalar da força pelo vetor deslocamento.

balizarem seus atos pela infalível bússola, que todos temos, também por graça de Deus, que é a consciência.

Para eventuais dúvidas, é simples a resposta para o reto proceder: basta perguntar, a si mesmo, se gostaria de receber o que está ofertando... Com humildade, devem os cientistas prosseguir no seu maravilhoso afã, jamais se esquecendo de que estão apenas manuseando processos — no caso, do sublime objeto que é a vida. Pois, tanto um óvulo, quanto um espermatozoide, com todo um "microuniverso" de características, são criações de Deus, não dos homens. Apenas o seu encontro, em diversas situações, gerando vida, sim, é manuseio humano. E sem sofismas: desde o primeiro casal na face da Terra.

A Genética, enquanto abençoada ferramenta da Lei de Causa e Efeito, gerencia infinita gama de situações físicas, invariavelmente em decorrência das matrizes espirituais, estas de extrema mobilidade moral, porque o Espírito (no caso, encarnado), no exercício do livre-arbítrio, pode sim, excepcionalmente, até alterar programas reencarnatórios em andamento. Para o bem ou para o mal...

## 15.2 Planejamentos reencarnatórios

Por tudo quanto se pode analisar do Espiritismo, quanto às reencarnações, não foge à razão o fato de que obedecem a mecanismos preciosos de justiça, estando a cargo de entidades de elevada sabedoria, conhecedoras profundas das leis da sintonia, aí incluídas as de uma provável "Genética espiritual".

Valendo-se do registro individual de cada Espírito, tais "construtores da vida" organizam, com o máximo de cuidado e competência, o plano reencarnatório de cada ser humano. Tal plano, privilegiando saúde, memória ou disponibilidade material, bem como limitações e impedimentos, para cada etapa terrena, baseia-se, fundamentalmente, em duas vertentes, não excludentes entre si:
- merecimento individual;
- passivo a resgatar perante as Leis Morais.

Definido e aprovado o plano, nas esferas espirituais elevadas, retoma o ser à carne, no mais adequado ambiente familiar, após adequação orgânica ao futuro, obedecidas as leis tanto da hereditariedade, quanto do seu passivo existencial.

Nesse contexto, encontram-se no mundo seres em missão, provação ou expiação. Podem estar enquadradas numa das três situações acima. Em todos esses casos está presente o Amor do Criador.

Pensar ao contrário seria desacreditar da Lei de Justiça, que encerra a Sabedoria de Deus nosso Pai, que ama por igual a todos os seus filhos, aos quais oferta permanentemente idênticas oportunidades e meios de evolução moral.

## 15.3 Missão

Como conjectura, imagino que destacadas personalidades mundiais, em todos os campos da atividade humana, são criaturas que assumiram determinado compromisso consigo mesmas e perante o Plano Maior. Para levarem a bom termo suas tarefas, muitas delas são apetrechadas pelos engenheiros siderais com dispositivos genéticos que irão facilitar tal exercício. Tais dispositivos, em alguns casos, são como que um empréstimo, já que não fazem parte do seu patrimônio, devendo ser empregado tão somente para o fim a que se destina, na situação que foi previamente bem definida (antes da reencarnação).

Encontramos, assim, nos palcos do mundo sobre os quais se concentram os holofotes da fama, criaturas consideradas "de outro planeta", tal o deslumbre que causam suas realizações. Isso no campo dos esportes, das artes, das ciências, da Política, da Religião...

Quem não admira a memória incrível dos grandes pianistas, que conseguem decorar um concerto inteiro, sem errar uma única nota, tendo um infalível *timing* (noção de tempo) para a sua participação e o da orquestra?

Quem não se espanta com a destreza do tenista número um, ou mesmo dos dez melhores deles, na escala mundial?

Quem não se assombra com as jogadas desconcertantes daquele jogador de futebol que seja considerado o melhor dentre todos, em todos os tempos?

Quem não louva a inteligência brilhante de um pesquisador que consegue criar uma vacina que, aplicada no mundo todo, consiga prevenir determinada doença?

Quem não se extasia diante de um quadro de um pintor, mesmo já desencarnado, mas incluído na galeria dos gênios da pintura?

Quem não reconhece a sublimidade de um homem que dedica sua vida ao próximo, como por exemplo, na área da psicografia, intermediando mediunicamente mais de quatrocentos livros, além de atender milhares de desesperados, incutindo-lhes esperança?[14]

Uma instigante pergunta:

Os pais e familiares próximos também apresentam esse mesmo quadro de excepcionalidade positiva?

Via de regra, a resposta é não. É que tais pessoas têm amparo de seres iluminados.

Em outra hipótese, nada impede à análise imaginar o caso daqueles que numa existência terrena tenham excepcionalmente evoluído moralmente, recebam a incumbência da Espiritualidade para tarefas de alcance mundial, não prevista em seu programa reencarnatório. Nisso, terão acompanhamento de entidades espirituais elevadas.

## 15.4 Provação

No panorama terrestre presenciamos pessoas — grande parte da Humanidade — vivenciando dificuldades sem fim, às quais alguns administram resignadamente, enquanto outras, maioria, se revoltam.

As inúmeras provas visam aquisição de resistência moral quanto ao orgulho, à vaidade, à indiferença ante dificuldades do próximo.

Noutra situação podem ser incluídos os milhares de Espíritos que reencarnam em ambiente de muito dinheiro, ou mesmo aqueles que,

---

[14] Nota do autor: Referência ao médium Francisco Cândido Xavier (1910–2002).

nascendo pobres, venham a se tomar ricos. A riqueza, como sempre advertem os mentores espirituais, é uma das mais difíceis provações para o Espírito encarnado, eis que lhe escancara as portas largas dos prazeres mundanos, ou os situa nos caminhos que não raro conduzem à vaidade.

## 15.5 Expiação

As expiações constituem as mais tristes existências terrenas para o Espírito. Visam quitação compulsória de pesados débitos contraídos em vidas passadas. Cumpre esclarecer que não há cobranças da vida: o ressarcimento pode ser devido a requerimento da própria consciência daquele que infringiu as Leis Divinas, ou, por imposição da Lei de Justiça. Em seu benefício.

Ainda em outra configuração expiatória, como hipótese — apenas como hipótese —, muito triste aliás, que me causa indizível angústia citar, quando vejo os quadros de pobreza extrema, abaixo da miséria, de países subdesenvolvidos, onde populações inteiras padecem as piores privações.

Em grande desconforto íntimo me pergunto: seriam esses infelizes irmãos os todo-poderosos de outrora? Fui um desses? Serei, de futuro, um daqueles?

— Talvez sim, talvez não...

Consola-me a confiança na Bondade do Pai, zelando por todos os filhos, felizes e infelizes, em todos os quadrantes do Universo, em todas as dimensões do tempo. Esses últimos, porém, sem exceção, recebem da Providência o ensejo reparador, doloroso é verdade, mas redentor!

Como acréscimo do Amor de Deus, têm o olhar compassivo do Mestre Jesus dirigido em sua direção, ofertando-lhes ânimo, esperança e forças. Assim como o Sol paira permanentemente sobre o mundo, por pior que seja a tormenta, Deus a tudo provê, a todos os seres dispensa Amor paternal, encarregando um anjo guardião para conviver com cada ser por Ele criado. Por isso é que devemos redobrada gratidão filial ao Pai, pela bênção das oportunidades renovadas a cada reencarnação, seja em que ambiente for, mas principalmente pelo permanente desvelo com que nos envolve.

Prudente, de nossa parte, além da gratidão a Deus, jamais olvidar a recomendação de Jesus: "Orai e vigiai!".

# 16 PROJETO GENOMA HUMANO

## 16.1 Histórico

*Projeto Genoma* é o nome de um trabalho conjunto realizado por diversos países visando desvendar o código genético de um organismo (podendo ser animal, vegetal, de fungos, bactérias ou de um vírus) através do seu mapeamento.

Em 1990, com iniciativa do Departamento de Energia dos Estados Unidos da América, foi iniciado o Projeto Genoma Humano. Com um financiamento inicial de 50 bilhões de dólares e uma duração prevista de quinze anos, o Projeto Genoma teve como objetivos criar mapas físicos de alta resolução, sequenciar todo o DNA do genoma humano, criar e depositar as informações obtidas em um banco de dados e aperfeiçoar as técnicas moleculares de modo a melhorar a qualidade do estudo.

O mapa físico foi concluído em 1995 junto com novas técnicas que permitiram a automatização das técnicas de DNA (*Genetics – a conceptual approach* = Genética – um método conceptual), tornando o sequenciamento do DNA em larga escala possível.

Os resultados obtidos pelo *Projeto Genoma Humano* foram a criação de testes para predisposição a doenças de início tardio como Parkinson e câncer de pulmão, a criação de teste de diagnóstico conclusivo como craniossinostoses e fibrose cística e permitir investigação em questões evolutivas através do conhecimento de regiões que são altamente conservadas em todas ou diversas espécies.

O *Projeto Genoma Humano* é um dos principais focos de atenção científica, no campo das ciências biológicas.

## 16.2 Genes

A professora Mayana Zatz,[15] em entrevista, informou que a proposta do *Projeto Genoma Humano* (PGH) concluído em 2003 era identificar todos os genes humanos. O resultado obtido indicou que existem de 30 mil a 50 mil genes, mas não se sabe exatamente o número absoluto. Embora se conheça a função de muitos deles, há um longo caminho a percorrer para conseguir entender tudo o que fazem.

Para quem trabalha em Genética humana e Genética médica, conhecê-los tem grande interesse para entender as doenças genéticas, pois mais de sete mil são causadas pelo mau funcionamento dos nossos genes.

Segundo os peritos, existem aproximadamente 3,5 mil doenças incuráveis, de origem genética, causando terríveis sofrimentos à Humanidade. De fato, o Conselho Federal de Medicina (CFM) reconhece que há 3,5 mil doenças classificadas como *incuráveis*.

— Como curar as doenças de origem genética? Essa pergunta sempre martelou o cérebro dos médicos, dos pesquisadores e dos cientistas.

Quando foi criado o *Projeto Genoma Humano* pensava-se que o corpo humano possuía um conjunto de cerca de cem mil genes nos seus 46 cromossomos. Porém estudos posteriores sobre o genoma identificaram entre 20 mil e 25 mil genes.

---

[15] Nota do autor: Pesquisadora renomada em genética humana, com contribuições principalmente no campo de doenças neuromusculares (distrofias musculares, paraplegias espásticas, esclerose lateral amiotrófica) em que é pioneira. Atualmente seu laboratório no Centro de Estudos do Genoma Humano da USP também realiza relevantes pesquisas no campo de células-tronco.

E como informou a Drª Mayana Zats, esse número atualmente oscila entre 30 mil a 50 mil.

Dentro da Genética moderna, o gene é uma sequência de nucleotídeos do DNA que pode ser transcrita em uma versão de RNA.

Para entender o que isso significa, pode-se comparar o nosso corpo como uma construção que emprega cerca de 30 mil a 50 mil tijolos (diferentes entre si), no caso, os genes! Cada gene contém a inscrição das várias etapas de nossas vidas, numa espécie de fita química, na longa molécula do DNA.

Todo esse projeto é o coroamento da "descoberta do século XX" — a dupla hélice, estrutura da famosa molécula do DNA (ácido desoxirribonucleico).

Conjecturo sobre a sabedoria da Espiritualidade Superior em fazer aportar passo a passo o progresso da Ciência na Terra. No caso, cerca de quarenta anos se passaram desde a descoberta do DNA ao início do Projeto Genoma humano, ambos se constituindo em providencial bênção para a saúde humana e animal.

Como já disse, o DNA é nada mais, nada menos, do que a matéria-prima da hereditariedade, constituinte dos cromossomos e dos genes neles contidos, que guardam todas as informações para se "fabricar" um organismo humano. De início, as expectativas dos cientistas eram que de dez a quinze anos todas as doenças pudessem ter diagnóstico precoce, prevendo-se tendências ou predisposições para elas. Como disse a Drª Mayana o projeto foi concluído em 2003, contudo, a partir de então, há um longo caminho a percorrer para conseguir entender tudo o que fazem os milhares de genes.

## 16.3 Sonhos da Medicina

Só para se ter uma ideia do que representa o Projeto Genoma Humano, basta saber que ele é considerado o terceiro projeto mais importante do século XX (o primeiro: o Projeto Manhattan, que resultou na bomba atômica, em 1945; o segundo: o Projeto Apolo, que levou o homem à Lua, em 1969).

Esse fabuloso projeto, ao custo inicialmente previsto de vários bilhões de dólares, envolveu a colaboração de centenas de cientistas de todas as partes do mundo.

As seriíssimas questões éticas que registrei no capítulo "A Genética e a Ética", trazendo perspectivas médicas espantosamente revolucionárias, qual seja o conhecimento do futuro, são de consequências imprevisíveis. Deve ser registrado que, em face das incertezas éticas, legais e sociais, o Projeto destinou 10% de seu orçamento total à discussão desses temas.

O alcance do *Projeto Genoma Humano* ultrapassa todos os sonhos da Medicina na cura de doenças, de todos os tempos, descortinando uma nova fase para a Humanidade. Não se pode absolutamente desconhecer que tais descobertas inserem-se no progresso que a Humanidade alcança, segundo a segundo.

Deus, Nosso Pai, dispensador permanente de dádivas, coloca ao alcance das mãos humanas essa extraordinária chance de evolução espiritual, pela projeção do futuro orgânico de uma criatura. Qualquer coisa como o indivíduo receber, via *fax*, um mapa com a indicação de quais caminhos deve percorrer, orientando-o quanto aos vários perigos contidos à frente. Assim identificados, presente e futuro, muito mais fácil será o trânsito pela rota da vida, sendo evitadas surpresas desagradáveis, quais as decorrentes de enfermidades.

Até agora o futuro do homem lhe é oculto, em seu próprio benefício, para evitar que, negligenciando o presente, deixasse de gozar a atual liberdade, sabedor da "fatalidade" que o alcançaria mais à frente de sua existência. A atual possibilidade contempla o entendimento de que, inexistindo o risco de tal negligência, nada obstaria tal conhecimento; inexistir tal risco é possibilidade perimetrada na Lei Divina do Progresso — homens mais evoluídos —, patamar que talvez já esteja se aproximando da Terra...

O progresso espiritual dos homens sempre decorre da Infinita Bondade do Pai na doação de benesses incentivadoras. No caso da Biotecnologia, abençoando os esforços dos pesquisadores, está a presença do Criador, ao permitir acesso parcial à sua incomparável obra: a Engenharia da Vida.

No caso de fetos com perturbações genéticas previstas, talvez seja permitido conjecturar que não mais existiriam num quadro de elevação espiritual superior ao que hoje está a Humanidade.

Os abortos, sob quaisquer pretextos, em tal grau evolutivo, já estariam totalmente eliminados; assim, mesmo que ainda fossem detectados seres com distúrbios genéticos, previamente identificados, em tal situação o adiantamento moral humano jamais recorreria a tão nefando crime, o aborto. Até porque, os avanços da Biogenética e Geneterapia, certamente a breve espaço poderão eliminar esses distúrbios. E, mesmo no caso de alguém nascer com previsão de doenças, muito mais fácil será a família utilizar-se desse conhecimento para alicerçar-se moralmente e buscar o alívio no Evangelho.

Ao Espiritismo está reservado relevante papel nesse futuro quadro de eventual sofrimento, transformando-o em resignação, em face dos postulados que demonstram a Justiça de Deus, nesse caso proporcionando resgate de débitos ao nascituro e aos seus familiares (esses, certamente coparticipantes na contração desses débitos, fato que os transformou em devedores indiretos).

## 16.4 Futuro do planeta Terra

Prevendo-se doenças, mais fácil será tratá-las, se possível não for erradicar a tendência genética. Menos doenças, menos dor.

Menos dor, mais evolução espiritual. Mais evolução espiritual, mais amor entre os homens e os demais seres vivos, que assim serão poupados de experiências dolorosas ou mortais. Mais amor: mais próximos de Deus!

— Será esse o mundo do futuro, onde a Humanidade terá um encontro com a felicidade? Creio sinceramente que sim, pelo fato lógico de Deus ter colocado no perímetro do conhecimento humano a atual perspectiva da erradicação de doenças. Assim, a divina sinalização de um mundo mais feliz coloca-o ao nosso alcance, dependendo tão somente do emprego que a Humanidade fizer de tão sublime presente — a Geneterapia.

## 16.5 Devaneios: no terreno da ficção

a) No terreno da ficção, por enquanto, as discussões sobre identificação de DNA antigo e suas possibilidades genéticas despertaram devaneios a partir do lançamento (1993) do filme *Jurassic Park:* O Parque dos Dinossauros, do festejado diretor cinematográfico Steven Spielberg.

No filme, cientistas conseguem isolar DNA de várias espécies de dinossauros, extraídos provavelmente de achados arqueológicos, inserindo-os, com técnicas genéticas de fecundação, em ovos de répteis da atualidade. Claro que o processo prospera (no filme), em face da imaginação hollywoodiana e os bichos são recriados... Mas, na verdade, recriação de espécies extintas de animais é um tema que divide a comunidade científica, não havendo, ainda, técnica para isso, mas a hipótese é fascinante para muitos.

b) Foi noticiado (*Folha de S. Paulo* de 13 de novembro de 1992) que nos EUA foi isolado DNA de 40 milhões de anos de cupim pré-histórico, o qual é parecido com o do cupim atual.

Questiona-se a possibilidade de se recriar tal cupim ancestral, com as modernas técnicas.

c) Já em 24 de fevereiro de 2012, o diário do Nordeste *Ceará Científico* publicou:

> Não é todo dia que se posta um feito histórico no mundo científico. Mas o anúncio feito essa semana por pesquisadores da Academia Russa de Ciências, caso seja confirmado e repetido em futuros experimentos, pode ser considerado da mesma categoria do feito alcançado pelos cientistas escoceses que criaram a ovelha clone Dolly, em 1996. Eles conseguiram fazer germinar sementes da espécie *Silene stenophylla* que estavam enterradas no solo permanentemente congelado (também conhecido como *permafrost*) da Sibéria desde entre 31,5 e 32,1 mil anos atrás (Período Pleistoceno).
>
> Esse é um recorde para "ressurreição" de vegetais. Até então as sementes mais antigas que se tinha conseguido fazer germinar eram de tamareiras e de flores-de-lótus que tinham cerca de dois mil anos. Eis como funcionou a experiência:
>
> Tudo começou em 2007, quando frutos e sementes dessa e de outras plantas foram encontradas em tocas, pouco maiores que uma bola de futebol, feitas por esquilos pré-históricos e situadas a 38 metros de profundidade.
>
> A escolha da *Silene stenophylla* para a experiência inédita se deu pela já conhecida resistência da espécie, que ainda existe na atualidade,

embora apresente diferenças consideráveis dos exemplares que viveram no Pleistoceno.

Uma vez selecionados os frutos e as sementes em melhor grau de preservação foram colocados em ambiente nutritivo. Após um tempo surgiu o primeiro germe que foi exposto à luz e se tornou verde em dois dias. O broto foi em seguida plantado no solo e germinou.

De acordo com um dos cientistas que coordenou o experimento, Stanislav Gubin, "foi um autêntico milagre ter conseguido esta germinação de uma semente com 30 mil anos de idade".

d) Mamutes podem ser os próximos na lista. O estudo publicado na revista *Proceedings of the National Academy of Sciences* (PNAS) abre uma série de possibilidades que vão desde a melhor conservação de espécies que habitam regiões frias até a recriação de espécies extintas.

Vale lembrar que o permafrost siberiano é rico em "múmias" e fósseis de animais extintos após as últimas glaciações, tais como os gigantes mamutes, que chegaram a sobreviver em ilhas russas até cerca de 3700 anos atrás.

Alguns exemplares dos corpos desses verdadeiros "elefantes peludos" encontram-se em relativo bom estado de conservação e estão sendo alvo de estudos e experimentos na tentativa de se produzir clones.

## 16.6 O DNA COMO AUXILIAR DO JUDICIÁRIO

Há alguns anos a imprensa noticiou que foram classificados DNA do ex-presidente dos EUA Abraham Lincoln (1809–1865), usando-se fios de cabelo, retirados de seus restos mortais. Dados obtidos a partir de tal classificação possibilitaram aos cientistas afirmar, com certeza, aspectos desconhecidos sobre a saúde do notável político.

Em julho de 93, cientistas britânicos e russos concluíram que são do czar Nicolau II e de sua família os ossos encontrados em 1991 na cidade russa de Ekaterinburg, onde foram executados. O reconhecimento, feito com técnicas que permitem a comparação do material genético, encerrou o mistério em torno do destino do último imperador da Rússia, derrubado pela Revolução de 1917. Os ossos foram submetidos a testes inéditos de análise do DNA, de comparação com amostras de sangue de sobreviventes da família imperial russa (os Romanoffs) e do príncipe Philip, marido da rainha britânica Elizabeth II e parente da mulher do czar, a czarina Alexandra.

Casos de comprovação de paternidade (ou de maternidade, raros), via exame no DNA dos prováveis pais, estão se tornando rotineiros; por ética, deixam de ser citados, pois envolvem questões ainda não decididas pela Justiça, envolvendo também personagens de destaque no cenário nacional. Tais exames se processam com avançadas técnicas, normalmente empregando o chamado "sistema de eletroforese", que consiste na separação de diferentes moléculas em função de sua carga elétrica; sendo confrontados os resultados entre pais e filhos cuja relação biológica se queira investigar; sendo idênticos os resultados, a possibilidade de que sejam pai e filho, ou mãe e filho, são de 99,99%.

# 17 COBAIAS: DISPENSADAS, FINALMENTE?

## 17.1 Histórico[16]

Referente à "Manifestação antivivissecção", realizada em 28 de abril de 2012, em Roraima, a ONG ALIAMBRA (Aliança Ambiental do Brasil) expediu boletim, do qual extraí a nota abaixo:

> No Brasil, as faculdades de Medicina, Medicina Veterinária, Biologia, Psicologia, Odontologia, Ciências Farmacêuticas, Enfermagem, entre outras, possuem aulas práticas onde são utilizados animais vivos.
>
> Na vivissecção — cuja origem é atribuída ao médico romano de origem grega, Claudius Galenus, no século I, d.C. — animais são encaminhados vivos para a sala de aula, onde são contidos e anestesiados (nem sempre adequadamente) para em seguida, com a presença do professor e alunos, serem utilizados em diversos experimentos de aprendizagem. Após a prática são sacrificados.
>
> Na Europa e Estados Unidos, muitas faculdades de medicina não mais utilizam animais, nem mesmo nas matérias práticas, como por

---
[16] Nota do autor: Notas extraídas da Wikipédia – a enciclopédia livre da internet.

exemplo: técnica cirúrgica e cirurgia, oferecendo substitutivos em todos os setores. Nos EUA, mais de 100 escolas de Medicina (quase 70%) incluindo Harvard, não utilizam animais.

Na Inglaterra e Alemanha, a utilização de animais na educação médica foi abolida. Na Grã-Bretanha (Inglaterra, País de Gales, Escócia e Irlanda) estudantes são proibidos, por lei, a praticarem cirurgia em animais.

## 17.2 Células imortais

Há cerca de vinte anos, cientistas ingleses obtiveram sucesso em um método que produziu células "imortais" (de camundongo), capazes de viver, por meses ou até mesmo anos, num tubo de ensaio. As células "imortais" foram criadas a partir de camundongos modificados por engenharia genética, os quais receberam um gene de um vírus encontrado em macacos, que leva as células a se dividirem continuamente.

Ligando o gene a um "botão" genético, que é acionado toda vez que a temperatura diminui em alguns graus, os cientistas conseguiram assegurar que as células de camundongo só se tornem "imortalizadas" quando criadas em tubo de ensaio a 33 graus centígrados, cerca de cinco graus abaixo da temperatura do corpo.

Depois de dissecarem as células do camundongo com que querem trabalhar, os cientistas as colocam dentro de um prato de nutrientes e fatores de crescimento. Quando a temperatura é abaixada, o gene imortalizante é ligado e as células começam a se dividir, produzindo cópias perfeitas do original.

Pesquisadores da indústria farmacêutica dizem que podem testar mil medicamentos novos utilizando as células de um único animal, em vez de sacrificar milhares deles.

## 17.3 Modelos animais

A fauna de laboratório constitui-se de modelos ideais, em razão das suas características anatômicas, fisiológicas, bioquímicas e imunológicas serem semelhantes às do homem.

Entre os modelos experimentais, existem:
- cobaias: excelentes para a investigação do sistema imunológico;
- moscas (drosófilas — conhecidas como moscas-das-frutas): mutações orgânicas, com transferência de órgãos para outras partes do corpo;
- coelhos: pesquisas relativas às alergias;
- porcos: estudo dos problemas do fígado;
- carneiros: estudo dos problemas cardíacos;
- cães: treinamento em ortopedia e pesquisas dos problemas pulmonares (raça mais empregada nas pesquisas: "beagle", pequeno cão, de raça inglesa, espécie de bassê de pernas direitas);
- gatos: estudo do cérebro;
- cavalos: estudo dos problemas de sangue e para a fabricação de soros;
- tatus: único animal capaz de adquirir hanseníase;
- sapos: observação das reações musculares;
- pombos: estudo da ação das toxinas;
- peixes: estudos toxicológicos;
- chimpanzés: análises comportamentais.

Se no mundo todo, há tempos, milhares de animais ainda vêm sendo mortos em laboratórios, disso resultou que a Medicina conseguiu salvar inúmeras vidas humanas, como continuará a salvar.

Honestamente, reconheço tais benefícios. A ninguém, com um mínimo de sensibilidade, agrada sacrificar inocentes animais, mesmo que nisso esteja implícita a busca de fundamentos e procedimentos benéficos à Humanidade. Mas tal é o padrão evolutivo deste planeta e o progresso, aqui, quase sempre andou de par em par com a dor.

Como não depositar na Biogenética toda a esperança, também quanto à suspensão definitiva de visita dos animais aos laboratórios experimentais?

## 17.4 Animais longe dos laboratórios...

A propósito da dispensa de animais como cobaias em experimentos nos laboratórios, reflito que a Ciência domina a técnica da clonagem terapêutica humana que envolve a clonagem de células do próprio paciente ou do cordão umbilical. Por que não utilizar essa técnica para uso em medicina, como área ativa de pesquisa?

Hoje já é rotina a clonagem de células-tronco extraídas do cordão umbelical... E célula-tronco é aquela que tem capacidade de se transformar em qualquer tipo de célula, desde que com indução adequada. Assim, imagino que não está distante a realização de clonagem terapêutica de células humanas para formarem conjuntos específicos (órgãos) destinados a transplantes e, praza aos Céus, eliminar experiências e testes que hoje usam modelos animais.

Essa é apenas uma reflexão minha, almejando a dispensa de cobaias animais... Quanto às células imortais, que citei neste capítulo, este é outro caminho conducente a que as experiências com animais podem estar acabando...

Graças a Deus!

# 18 GENETERAPIA

*Geneterapia*, palavra relativamente nova da língua portuguesa, é o tratamento pelo qual os médicos inserem genes no paciente para suprir deficiências ou corrigir falhas, genéticas ou não. Por exemplo: se uma pessoa não produz uma proteína importante, ela pode receber o gene que contém informações necessárias para que suas células a fabriquem.

Nesse caso, a terapia combate um mal genético. O gene pode também levar à produção de substâncias tóxicas contra células indesejáveis, como as de um tumor (cuja causa não precisa ser hereditária — pode ser dos raios solares, como no câncer de pele).

Importante ramo da geneterapia, os transplantes de órgãos ou tecidos, oriundos de doadores, de futuro certamente obterão grandes avanços, possibilitando correções de deficiências ou anormalidades. Aliando a clonagem à geneterapia, alguns entusiastas consideram ser possível clonar órgãos do corpo. Assim, um doente cardíaco poderá receber um transplante de um clone de seu próprio coração, eliminando dessa maneira o problema da rejeição. Ou um dente... Ou... moral à parte, *se non è vero, è bene trovato* (bem provável, embora inverídico). Por enquanto...

A Engenharia Genética, em termos de notícias espetaculares, deslumbra a uns e inquieta a outros. Muitas são as notícias de feitos espetaculares nessa área da Ciência. Em 1990, pesquisadores dos Estados Unidos realizaram a primeira terapia genética autorizada em uma criança de quatro anos de idade. Nascida com uma rara doença genética chamada Imunodeficiência Combinada Grave, ela não tinha um sistema imunológico saudável, e era vulnerável a todos os germes com que tivesse contato. Crianças com essa doença geralmente desenvolvem muitas infecções e raramente sobrevivem à idade adulta.

Na terapia genética realizada naquela criança, os médicos recolheram glóbulos brancos do corpo dela e cultivaram as células em laboratório. No segundo momento, inseriram o gene que faltava nas células e reintroduziram os glóbulos brancos geneticamente modificados na corrente sanguínea da paciente. Exames de laboratório mostraram que a terapia fortaleceu o sistema imunológico da paciente; ela parou de contrair resfriados recorrentes e pôde voltar a frequentar a escola. Esse procedimento não a curou; os leucócitos geneticamente modificados só funcionaram por poucos meses, e o processo teve de ser frequentemente repetido.

## 18.1 Pesquisas com seres humanos

São incontáveis os avanços da Medicina Genética. Como a geneterapia é largamente pesquisada no mundo todo, permito-me aqui apreciar tal andamento, nos últimos anos, citando inúmeros exemplos. Eis alguns:

- Doença de Lou Gehrig

Está identificado, de maneira cabal, o gene de pelo menos uma das formas da grave doença de Lou Gehrig, conhecida por esclerose amiotrófica lateral; essa doença ataca os neurônios (células nervosas) motores e paralisa os indivíduos, conservando-lhes as funções cognitivas.

- Fibrose cística

A terapia gênica (ou geneterapia), inspirada na descoberta do DNA, já possibilita diagnóstico precoce da fibrose cística e da distrofia muscular.

- Inserção de genes

A geneterapia já está autorizada nos EUA. Câncer cerebral e esclerose múltipla estão na sua mira, com aplicação em fase adiantada de técnicas só possíveis graças à descoberta da "dupla hélice".

- Rim policístico

Pesquisadores norte-americanos identificaram a composição completa do gene que causa o rim policístico, uma doença hereditária que atinge uma, em cada mil pessoas. A doença produz cistos nos rins e outros órgãos, prejudicando seu funcionamento, sendo a responsável por 10% dos casos de transplantes renais e diálises.

- Lábio leporino

Cientistas do Instituto Johns Hopkins descobriram que mulheres que fumam durante os primeiros estágios da gravidez expõem seus fetos a um risco maior de nascerem com o distúrbio conhecido por lábio leporino. Trata-se de um defeito genético que prejudica o desenvolvimento do céu da boca, entre outras partes. As duas metades podem não se soldar, resultando em uma fenda. Esta pode se estender até os lábios, que lembram os lábios divididos de uma lebre (leporino: de lebre). A complicação decorreria de alterações na carga genética do feto, causadas pelo fumo.

- Leucemia

Uma senhora catarinense, dona-de-casa, após tentar sem sucesso conseguir um doador para seu filho de 14 anos, portador de leucemia mieloide crônica (os portadores têm sobrevida de cinco anos), decidiu ter outro filho para resolver o problema. A chance de o novo filho ter o mesmo código genético era de 25%. Exames demonstraram que esse segundo filho não poderia ser doador. Houve um terceiro engravidamento, dessa vez prosperando o intento. O caçula, compatível, ao completar dois anos, doou medula óssea, em transplante realizado em novembro de 1994, em Curitiba (PR), que curou o irmão mais velho.

Nesse caso, o jovem foi salvo a partir da decisão médica de que o doador seria alguém que nem sequer havia sido gerado! Verdadeiro prodígio da geneterapia.

- Hipertricose ("doença do lobisomem")

Em junho de 1995, em quase todos os veículos mundiais de imprensa, foi estampada a foto de um menino com o rosto todo coberto de grandes pelos, de uma família mexicana que apresenta também essa anomalia genética, denominada *hipertricose*.

É um distúrbio raro. No mundo todo, nos anos 90 havia apenas essa família com essa síndrome. A foto causou enorme espanto. Pesquisadores da Universidade de Guadalajara, no México, conseguiram determinar a localização exata do gene anômalo no cromossomo X, parte da estrutura genética determinante do sexo.

## 18.2 Pesquisas com modelos experimentais animais

- Tumores

Eliminação de tumores por injeção única: cientistas dos EUA desenvolveram uma injeção de proteínas (produzidas em laboratório), capaz de cortar o suprimento de sangue dos tumores, fazendo-os regredir. Sem sangue, o tumor não sobrevive. As proteínas empregadas, atóxicas a tecidos não tumorais, foram produzidas por Engenharia Genética, uma, e a outra, por síntese.

Os cientistas introduziram fragmentos de tumor humano em embriões de frango de dez dias, causando-lhes tumor; foi obtida redução significativa de vasos ao redor do tumor dos embriões. O mesmo resultado foi obtido em experiências com ratos e coelhos. A injeção foi eficaz em vários cânceres: melanomas malignos (pele), câncer no pulmão, na mama, no cérebro, no pâncreas e na laringe.

- Obesidade

Cientistas dos EUA isolaram o gene que regula a obesidade. A descoberta pode levar a remédios que combatam o acúmulo de gorduras. Os pesquisadores da Universidade Rockefeller, em Nova Iorque, isolaram em camundongos um gene responsável pela síntese do hormônio. Também foi encontrado um gene homólogo em seres humanos.

Os genes de homens e camundongos são 84% iguais. O defeito genético que leva à obesidade foi descoberto em 1950 nos camundongos, tendo o gene responsável sido apelidado de *ob* (abreviação do inglês "obese"). Desde então vários cientistas tentavam isolar o gene, pesquisa que agora prosperou.

Nota: Os casos mencionados de avanços na Medicina Genética foram noticiados há dezessete anos, quando da primeira edição deste livro (1996). Atualmente (2013), as patologias citadas ainda não estão integralmente erradicadas, mantendo-se sob pesquisas. Isso sinaliza a necessidade de mais tempo para mais pesquisas.

## 18.3 Animais transgênicos (com genes humanos)

Os animais transgênicos, como já disse, são aqueles que tiveram seu patrimônio genético alterado com a introdução de genes de outras espécies que não a sua. Isto ocorre através da introdução de um gene de interesse no núcleo de um óvulo já fecundado. O objetivo é fazer com que o gene exógeno se expresse neste animal "hospedeiro".

O primeiro experimento realizado com sucesso foi feito em 1982, quando um DNA de rato foi introduzido em um camundongo. O resultado positivo foi verificado através do aumento do tamanho corporal verificado no camundongo.

Em janeiro de 2001, foi divulgado o nascimento do primeiro primata transgênico. Um macaco Rhesus, denominado ANDi (*DNA inserido*, ao contrário) teve incluído em seu patrimônio genético um gene de medusa. O grande impacto gerado por esse novo experimento foi o de demonstrar que é possível realizar esses procedimentos em animais próximos à espécie humana.

Já existem linhagens de animais transgênicos produzidas para serem utilizadas em pesquisas laboratoriais. Estes animais desenvolvem doenças humanas, tais como diferentes formas de tumores, diabetes, obesidade, distúrbios neurológicos, entre outros.[17] Menciono algumas das experiências, realizadas desde os anos noventa:

a) Porcos

Os porcos já são considerados há alguns anos os candidatos ideais para funcionar como uma espécie de banco de órgãos para humanos que

---

[17] Nota do autor: Dados extraídos da Wikipédia – a enciclopédia livre da internet.

precisam de transplante. A grande vantagem desse animal é que seus órgãos têm um tamanho aproximado ao dos que eles teriam de substituir. O maior problema é a rejeição (no caso da superaguda — entre espécies diferentes), que um coração, um rim ou um pulmão de um suíno sofreria se fosse colocado no corpo de uma pessoa. As proteínas do porco são bastante diferentes das do homem e um órgão desse animal seria destruído pelas células de defesa humanas, levando o transplantando à morte.

Contudo, pesquisadores ingleses e de várias partes do mundo realizam experiências visando criar linhagens de porcos geneticamente alterados, com o objetivo de diminuir o problema de rejeição. Em resumo, esses porcos teriam alguns genes humanos e seus órgãos seriam compostos por tecidos que estimulariam menos a reação das células de defesa do transplantado.

Na Inglaterra, em 1993, já existiam 37 porcos criados especificamente para esse fim. As experiências são secretas, porém em julho de 1994 a imprensa mundial publicou a foto de "Astrid", a primeira porca compatível com o ser humano, nascida por volta de 1992, na Inglaterra. Em 1994, já eram 200 os porcos criados que formam o clã daqueles animais transgênicos naquele país.

Há muito barulho rodeando esse tema. Antivivisseccionistas atacam as experiências e teóricos da ética médica se inquietam.

Outra possibilidade de utilização destes animais é na área de xenotransplantes. Uma linhagem de porcos transgênicos, porcos P33, foi desenvolvida com sucesso, tendo uma alta taxa de compatibilidade com seres humanos. Estes porcos estão sofrendo um processo de "humanização" genética: menos reação com o sangue humano e compatibilização do sistema de complemento. Cada uma destas alterações foi introduzida em linhagens diferentes de porcos P33. Em janeiro de 1998, nasceram os primeiros porcos P33 com ambas as características.[18]

b) Ratos

Pesquisadores norte-americanos conseguiram que ratos alterados geneticamente em laboratório passassem a produzir anticorpos humanos.

---

[18] Nota do autor: Dados extraídos da Wikipédia – a enciclopédia livre da internet.

Os anticorpos são proteínas fabricadas por células do sistema imunológico e servem para defender o organismo contra doenças e infecções. Têm por função identificar e destruir invasores da corrente sanguínea, tais como vírus e bactérias. O surpreendente da pesquisa é que os ratos, submetidos a um implante de genes, deixaram de produzir seus próprios anticorpos para fabricar os humanos. É uma façanha científica que implica alterar por completo um código biológico estabelecido há milhões de anos — algo como fazer com que um pé de laranja passe a dar maçãs ou bananas.

Outra grande surpresa é o imenso leque que se abre no tratamento de doenças. As implicações são realmente maravilhosas! (Para nós, humanos, mas para os ratos...)

c) Camundongos

Cientistas norte-americanos desenvolveram um modelo animal para o mal de Alzheimer (causador de demência, principalmente na velhice). Com tal modelo, que passou a exibir características da doença, ficou facilitado o progresso de novas terapias contra ela.

d) Cabrito

Nasceu em Rehovot (Israel) um cabrito com um gene humano. Os cientistas do Instituto de Investigações Agrícolas Vulcani implantaram no óvulo que gerou o animal um gene produtor de albumina humana. Com isso, pretendem transformar o cabrito transgênico em uma "fábrica" da substância, que é usada para estabilizar a pressão sanguínea em seres humanos, a qual, em casos de acidentes ou cirurgias, requer grandes quantidades de albumina, para estabilizar-se. A albumina retirada da futura cabra poderá ser ingerida por seres humanos, evitando os riscos associados a transfusões de sangue. O gene da albumina foi implantado no óvulo pouco antes de ele ser fecundado. Depois, fertilizado, foi transplantado para uma "cabra de aluguel".

Como vimos, a geneterapia visa substancialmente à cura de doenças. O que torna imprevisível seu alcance é justamente o infinito de suas potencialidades.

Neste, como em todos os eventos humanos, de qualquer magnitude, de ocorrência em todas as latitudes e longitudes, são altissonantes as palavras de Jesus, esclarecendo o "grande mandamento", segundo *Mateus* (22:37 a 40): "Amarás o Senhor teu Deus de todo o teu coração, de toda a tua alma, e de todo o teu entendimento. Este é o grande e primeiro mandamento. O segundo, semelhante a este é: amarás o teu próximo como a ti mesmo. Destes dois mandamentos dependem toda a lei e os profetas".

Também para a geneterapia, eis o rumo certo!

# 19 A GENÉTICA E A HOMOSSEXUALIDADE

Desde meados do século XX, a homossexualidade tem sido gradualmente desclassificada como doença e descriminalizada em quase todos os países desenvolvidos e na maioria do mundo ocidental. As principais organizações mundiais de saúde, incluindo muitas de psicologia, não mais consideram a homossexualidade uma doença, distúrbio ou perversão.

Em 1975, a Associação Americana de Psicologia adotou o procedimento de não mais considerar a homossexualidade uma doença.

No dia 17 de maio de 1990, a Assembleia-geral da Organização Mundial de Saúde (sigla OMS) retirou a homossexualidade da sua lista de doenças mentais, a Classificação Internacional de Doenças (sigla CID).

Por fim, em 1991, a Anistia Internacional passou a considerar a discriminação contra homossexuais uma violação aos direitos humanos.

Atualmente, o que se nota é uma crescente compreensão da homossexualidade, que passou a ser tolerada em muitos países, já havendo leis igualando direitos, como por exemplo nos casos de casamentos entre pessoas do mesmo sexo.

# 19.1 Origem da homossexualidade

## 19.1.1 Visão científica

A homossexualidade teria uma origem genética?

Essa a questão cuja resposta foi buscada em todo o mundo, levando os pesquisadores a multiplicadas experiências. Em junho de 1995, foi divulgado nos EUA que geneticistas induziram moscas a comportamento homossexual, após receberem um gene, artificialmente. O gene não atuou em fêmeas; machos que não o receberam e que foram colocados junto com os induzidos geneticamente aderiram ao homossexualismo. Tais resultados mostram como o assunto é complexo e de difícil abordagem. Várias experiências com outras espécies animais, sobre o homossexualismo, não obtiveram resultados conclusivos.

A revista *Science,* dos EUA, a mais respeitada publicação científica do mundo, divulgou, em julho de 1994, uma pesquisa inédita, realizada por Dean Hamer, ofertando evidências de que o homossexualismo masculino tem uma base genética. Acontece que, se comprovada tal pesquisa, restaria a certeza que ser homossexual seria tão inevitável quanto ter os olhos da cor comandada pela hereditariedade.

Hamer, que então trabalhava no Instituto Nacional do Câncer dos Estados Unidos, identificou certas mutações genéticas numa região microscópica das células de homossexuais voluntários à pesquisa. Foram analisados os códigos genéticos de 40 pares de gêmeos homossexuais. Em trinta e três das quarenta duplas de gêmeos, foram encontradas marcas idênticas àquelas das mutações.

Embora o gene da inclinação sexual não tenha sido encontrado ainda, a pesquisa direcionava-se para a região de cromossomos localizados na área conhecida pelos biólogos como Xq28. A pesquisa de Hamer tem o mérito incontestável de acrescentar à Genética possibilidade de percorrer caminhos na área do psiquismo — impulsos, desejos e emoções.

Este é outro exemplo de como a Genética, até então ocupada apenas em pesquisar o gradiente biológico das doenças, foi se aproximando do campo espiritual! Há décadas os estudiosos tentam definir se o homem é produto do meio cultural e social em que vive ou se o seu comportamento obedeceria também a diretrizes genéticas, nele impressas antes do nascimento.

Como se pode notar, a discussão não terminou, e se a primeira escola preponderou até há alguns anos, a Genética passa a se envolver nesse polêmico tema, com probabilidade de dar-lhe fundamento científico.

Lembro-me que, em 1991, o neurologista norte-americano Simon Le Vay, especializado em orientação sexual, havia realizado pesquisa sobre homossexualismo, autopsiando dezenove corpos de homossexuais que morreram por AIDS. Verificou Le Vay que o hipotálamo dos autopsiados era menor do que o dos heterossexuais. Tal era um indício. Nada mais. Pois logo houve quem se pronunciasse alegando a possibilidade de que a AIDS fosse a responsável pela diminuição do hipotálamo nos homossexuais aidéticos.

## 19.1.2 Visão psiquiátrica

No Brasil, em 1984, a Associação Brasileira de Psiquiatria (ABP) posicionou-se contra a discriminação e considerou a homossexualidade como algo não prejudicial à sociedade. Em 1985, a ABP foi seguida pelo Conselho Federal de Psicologia, que deixou de considerar a homossexualidade um desvio sexual.

## 19.1.3 Visão espírita

O assunto *homossexualidade*, analisado à luz dos ensinamentos da Doutrina dos Espíritos — o Espiritismo — oferta oportuna gama com reflexões lógicas de que se reveste a questão, todas despidas de quaisquer condenações, enfocando algumas das suas inúmeras vertentes, terrenas e espirituais, essas quase sempre ligadas à reencarnação e também à Genética... Genética espiritual! Num e noutro caso são várias essas vertentes e aqui não caberia alongar ou debater esse tema, apenas tecer comentários à luz das origens.

O Espiritismo esclarece que o Espírito tem em si os componentes sexuais masculinos e femininos; em cada existência terrena preponderará aquele consentâneo com seu programa reencarnatório. Isso, em condições de equilíbrio sexual do Espírito, em razão de suas múltiplas existências terrenas, em que tenha vivenciado o sexo respeitando sua sublime destinação.

Ocorre que não é raro a criatura humana desvairar sua vivência sexual, quase sempre em prejuízo de si próprio e de outrem: se homem, às mulheres e se estas, àqueles. Daí que tais agentes, libido em descontrole, contraem dívida perante a Lei Divina de Justiça, requerendo quitação. Assim, havendo necessidade de reajustamentos no campo da libido, a polarização sexual, em razão das Leis Divinas agindo sempre em benefício do Espírito, será compulsoriamente invertida, ensejando duros embates na carne, em face dos apelos eróticos exacerbados, dirigidos ao mesmo sexo.

Citada inversão, imagino, só poderá ser realizada por geneticistas espirituais de grande competência, sabedoria e amor ao próximo. E ela não é imposta como castigo, mas sim, oportunidade de reajuste sexual, levando aquele que, agora visitado por tentações de relacionamentos homossexuais, resista a elas.

Quando o reajuste da libido acontecer numa existência terrena, de forma definitiva, esse Espírito voltará a vivenciar o sexo dentro do contexto natural, segundo a fisiologia orgânica como a engendrou a Engenharia divina. Obviamente, com nova interferência daqueles geneticistas, os quais são técnicos auxiliares dos programas reencarnatórios.

Nos ensinos espíritas não há qualquer menção ofensiva ao homossexual. Ao contrário, o que é encontrado na vasta literatura espírita é a repetida recomendação de compreensão, eis que no panorama terrestre estamos todos em processo evolutivo. As várias dificuldades nesse incessante caminhar são comuns à Humanidade, no individual e no coletivo, porque ninguém neste planeta é Espírito puro, mas sim, todos, sem exceção, somos caminhantes em busca da felicidade. E Deus nos criou para viver em sociedade, uns ajudando aos outros.

John Donne,[19] em sua obra *Poems on Several Occasions*, que em português chama-se *Meditações*, em certo trecho pergunta: "Por quem os sinos dobram?" E responde ele mesmo: "Quando morre um homem, morremos todos, pois somos parte da Humanidade; por isso não me pergunte mais por quem os sinos dobram — eles dobram por você".

---

[19] Nota do autor: John Donne (1572–1631), poeta e escritor, pregador e o maior representante dos *poetas metafísicos* da época. Disponível em: Wikipédia – a enciclopédia livre da internet.

Parodiando-o: se alguém está necessitando de apoio, ou com alguma angústia, ou dificuldade, não é hora de perguntar como isso aconteceu, e sim, de prestar-lhe todo auxílio ao seu alcance, pois a Lei de Amor, amor ao próximo, preconiza que a necessidade de alguém é também parte da sua necessidade. Neste mundo, como em qualquer outro, ninguém será feliz completamente enquanto toda a Humanidade a que pertence também não for feliz.

## 19.2 Reflexões fraternais

Em clima de fraternidade inconteste, vários Espíritos (encarnados e desencarnados) proclamaram seu entendimento sobre a homossexualidade, enunciando múltiplas reflexões.

O Espírito Joanna de Ângelis,[20] tratando da homossexualidade proclama:

> Santuário de procriação, fonte de nobres emulações e instrumento de renovação pela permuta de estímulos hormonais, a sexualidade tem sofrido a agressão apocalíptica dos momentos transitórios da regeneração espiritual que se opera no planeta.

E acrescenta:

> Transexualidade, homossexualidade, heterossexualidade, bissexualidade e assexualidade, que se exteriorizam no campo da forma ou nas sutis engrenagens da psique, têm suas nascentes e funções nas tecelagens do Espírito.

O Espírito Manoel Philomeno de Miranda[21] consigna o homossexualismo como provação, alertando que a persistência no desequilíbrio remeterá o ser compulsoriamente à "[...] expiação, mutiladora ou alienante [...]".

O Espírito André Luiz[22] repassa as reflexões do assistente Silas, sobre "inversão" (sexual). Já citei essa reflexão quando tratei da "cassação do livre-arbítrio", não obstante repito aqui pela sua importância:

---

[20] FRANCO, Divaldo P. *Após a tempestade*. 3. ed. Salvador, BA: LEAL, cap. 6, p. 37.
[21] Id. *Loucura e obsessão*. 12. ed. 7. imp. Brasília: FEB, 2018. cap. 6 – *Destino e sexo*.
[22] XAVIER, F. C. *Ação e reação*. 30. ed. 13. imp. Brasília: FEB, 2020. cap. 15 – *Anotações oportunas*.

> [...] o sexo, na essência, é a soma das qualidades passivas ou positivas do campo mental do ser. [...] em muitas ocasiões, quando o homem tiraniza a mulher, furtando-lhe os direitos e cometendo abusos, em nome de sua pretensa superioridade, desorganiza-se ele próprio a tal ponto que, inconsciente e desequilibrado, é conduzido pelos agentes da Lei Divina a renascimento doloroso, em corpo feminino, para que, no extremo desconforto íntimo, aprenda a venerar na mulher sua irmã e companheira, filha e mãe, diante de Deus, ocorrendo idêntica situação à mulher criminosa que, depois de arrastar o homem à devassidão e à delinquência, cria para si mesma terrível alienação mental para além do sepulcro, requisitando, quase sempre, a internação em corpo masculino, a fim de que, nas teias do infortúnio de sua emotividade, saiba edificar no seu ser o respeito que deve ao homem, perante o Senhor [...].

Ainda André Luiz[23] repassa a opinião do mentor espiritual Silas sobre os homossexuais:

> [...] inúmeros Espíritos reencarnam em condições inversivas, seja no domínio de lides expiatórias ou em obediência a tarefas específicas, que exigem duras disciplinas por parte daqueles que as solicitam ou que as aceitam. [...] homens ou mulheres podem nascer homossexuais ou intersexos, como são suscetíveis de retomar o veículo físico na condição de mutilados ou inibidos em certos campos de manifestação, aditando que a alma reencarna, nessa ou naquela circunstância, para melhorar e aperfeiçoar-se, e nunca sob a destinação do mal, o que nos constrange a reconhecer que os delitos, sejam quais sejam, em quaisquer posições, correm por nossa conta [...]

O Espírito Bezerra de Menezes,[24] atendendo um doloroso caso de obsessão, menciona o instigante disfarce de uma mulher encarnada no século XX numa

> [...] existência em que se desejou ocultar, sob formas femininas, de seus implacáveis obsessores, ou seja, os antigos amos do século XVI [...]
>
> [...]

---

[23] XAVIER, F. C.; Vieira W. *Sexo e destino*. 34. ed. 5. imp. Brasília: FEB, 2017. 2ª pt., cap. 9.
[24] PEREIRA, Yvonne A. *Dramas da obsessão*. 11. ed. 3. imp. Brasília: FEB, 2014. 2ª pt. O passado, cap. 9; 3ª pt. Conclusão, cap. 1.

> [...] Enganou-se, porém, visto que sua própria organização psíquica atraiçoou-o, modelando traços fisionômicos e anormalidades físicas idênticos aos que arrastara na época citada [...].

O Espírito Emmanuel[25] reflete:

> [...] o Espírito, no renascimento, entre os homens, pode tomar um corpo feminino ou masculino, não apenas atendendo-se ao imperativo de encargos particulares em determinado setor de ação, como também no que concerne a obrigações regenerativas.
>
> O homem que abusou das faculdades genésicas, arruinando a existência de outras pessoas com a destruição de uniões construtivas e lares diversos, em muitos casos é induzido a buscar nova posição, no renascimento físico, em corpo morfologicamente feminino, aprendendo, em regime de prisão, a reajustar os próprios sentimentos; e a mulher que agiu de igual modo é impulsionada à reencarnação em corpo morfologicamente masculino, com idênticos fins [...].

Ressalta, porém, que

> em muitos outros casos, Espíritos cultos e sensíveis, aspirando a realizar tarefas específicas na elevação de agrupamentos humanos e, consequentemente, na elevação de si próprios, rogam dos instrutores da Vida Maior que os assistem a própria internação no campo físico, em vestimenta carnal oposta à estrutura psicológica pela qual transitoriamente se definem.

g) José Herculano Pires (1914–1979),[26] emérito catedrático brasileiro, escritor espírita, aborda outro enfoque, a do *homossexualismo adquirido*:

> A maioria desses casos, senão todos, provêm de atuação obsessiva de entidades animalescas, entregues a instintos inferiores. Mas a responsabilidade não é só dessas entidades, é também das vítimas que, de uma forma ou de outra, se deixaram dominar pelos primeiros impulsos obsessivos ou até mesmo provocaram a aproximação das entidades.

---

[25] XAVIER, F. C. *Vida e sexo*. 27. ed. 3. imp. Brasília: FEB, 2016. cap. 21 – *Homossexualidade*.
[26] PIRES, José Herculano. *Mediunidade*: vida e comunicação. São Paulo: Edicel, 1978, p. 60 e 141.

E prossegue:

> A obsessão inata corresponde aos casos psiquiátricos de desequilíbrio, chamados *constitucionais* (sem cura). Mas, para a Ciência Espírita, esses casos não são constitucionais e podem ser curados com o afastamento do obsessor [...]. Por exemplo, os casos de homossexualismo adquirido, não congênito ou constitucional, decorrente de fatores educacionais mal dirigidos ou de influências diversas posteriores ao nascimento, que dão motivo à sintonia do paciente com Espíritos obsessores vampirescos. Afastando o obsessor, cessará essa homossexualidade.

Aqui foram expostas algumas vertentes do homossexualismo, pela Genética, pela Psiquiatria e pelo Espiritismo, restando como certo que é um gerador de dificuldades, não apenas pela contraposição da maioria da sociedade, mas principalmente pelas angústias decorrentes de estar o Espírito num corpo inverso ao da sua tendência sexual.

Do ponto de vista espírita, reajustar sua libido, essa a tarefa maior do homossexual. Não é atitude fácil, mas todas as criaturas humanas dispõem, abençoadamente, da poderosíssima ferramenta que é a *vontade*, vulgarmente conhecida por "força de vontade".

Seja qual seja o patamar em que se insira o homossexual, é dever de toda criatura de bem não se constituir nem em acusador cruel, menos ainda em juiz da questão. O amor ao próximo, enfaticamente aconselhado por Jesus é um leque de infinitas faces e uma delas recomenda a inexistência de preconceito ou discriminação.

A existência terrena em eventual e difícil condição expiatória, seja pelo motivo que seja, provacional ou com problemas nela adquiridos, independentemente de qual tenha sido o fato gerador, requer compreensão e muito apoio moral — a partir da família e não menos da sociedade, como um todo.

# 20 CONCLUSÃO

A pesquisa, basicamente, procura achar aquilo que ainda não faz parte do repertório científico já conhecido da Humanidade. Todas as pesquisas buscam novidades. Encontradas, demandam comprovação... Aí, é sempre tumultuada a transição do que "está" e do que "passará a ser". É que o ser humano nem sempre está com suas janelas mentais abertas, estando acomodado em apenas algumas poucas, de onde a paisagem praticamente não diversifica. Com isso, quase sempre perde melhores ângulos do cenário...

Novidades ou alterações agitam:

a) Ideias
– de Moisés a Jesus;
– de Sócrates a Platão;
– de Colombo a Neil Armstrong;
– de Galileu a Lavoisier;
– de Giordano Bruno a Kardec.

b) Progressos
– da pele animal à seda;
– do lampião à lâmpada;

– da marreta à pólvora;
– do balão ao avião;
– da carroça ao automóvel;
– dos tambores aos celulares.

c) Contingências
– do analfabetismo à leitura;
– da liberdade à prisão;
– da prisão à liberdade;
– da vida à morte;
– da morte à vida;
– da treva à luz.

Mas, a maior de todas as agitações, essa de caráter planetário, está se aproximando. Tantas são as notícias bíblicas e mediúnicas dessa passagem, que a todos nós cumpre o dever de abrirmos o coração para as claridades do bem, ensejando nosso próprio progresso. As advertências estão conosco, há muito tempo:

a) *Velho Testamento*
- O profeta Isaías: (24:19 e 20 e 51:6), previu a Terra feita em pedaços, estalando, cambaleando como um homem embriagado e os céus desvanecendo-se como fumaça, deixando a Terra como um vestido em farrapos;
- O profeta Joel, em seu livro (3:16), registrou que "os céus e a Terra serão abalados";
- O profeta Jeremias (4:27), narrou sua visão, das montanhas vacilando, as colinas todas estremecendo, sendo toda a Terra devastada, sem contudo ser exterminada completamente;
- O profeta Zacarias (13:8 e 9), prediz que duas partes da Humanidade morrerão exterminadas, sendo que a terça parte restante será purificada pelo fogo, invocando Deus como Senhor;

b) *Novo Testamento*
- Jesus profetizou sobre a inevitável transformação que desestabilizará a Terra, no final dos tempos, deixando porém o testemunho do seu Amor diante das angústias que nos visitarão. Assim narram *Mateus* (24:21 e 29), *Marcos* (13:2,19, 24 e 25) e *Lucas* (21:11, 25, 26 e 35);
- O *Apocalipse* de João (6:13), fala que as estrelas do Céu cairão pela Terra, sendo todos os montes e ilhas movidos dos seus lugares.

c) Testemunhos espirituais recentes
- Do Espírito Emmanuel (páginas finais de *A caminho da luz*) são as tristes notícias sobre a apartação entre os bons e os maus que na transição deste século XXI será efetuada na Terra pelos iluminados prepostos do Filho do Homem, tendo a dor por instrumento;
- O Espírito Adolfo Bezerra de Menezes Cavalcante, cognominado de "Médico dos pobres", pelo seu humanitarismo junto aos necessitados, quando encarnado, da *Espiritualidade* luminosa, onde se encontra, continua sua caridosa tarefa de amparar encarnados e desencarnados.

Busquei e encontrei capital informação, entre suas mensagens mediúnicas, naquela que foi publicada na revista *Reformador*, da Federação Espírita Brasileira, de junho de 1992, referindo-se à existência de Espíritos já impossibilitados de retornar à Terra, via reencarnação, a maioria julgando-se injustiçada, pela proibição do aporte à Terra do amanhã... Quer me parecer, tal informação, que se avizinha a grande transição planetária, quando nosso mundo subirá um degrau evolutivo, deixando de ser de "provas e expiações", passando a sê-lo de "regeneração".
- O Espírito Camilo Cândido Botelho, em *Memórias de um suicida* (talvez o livro espírita mais instrutivo de todos os livros ditados pelo Plano Espiritual à Humanidade), traz informações de grandes lutas entre os virtuosos e os pecadores, maus, estando

iminente rigorosa seleção dos Espíritos (encarnados e desencarnados), por parte de mensageiros siderais; os maus serão expulsos para mundos consentâneos ao seu estágio moral inferior.

Existem muitas outras notícias desse importantíssimo acontecimento, sem dúvida nenhuma sob a orientação justa e protetora de Jesus. (Aos interessados nessas outras notícias, recomendo a leitura da obra de Mauro Fonseca, *O último êxodo,* publicação da Sociedade Editora Espírita F. V. Lorenz).

d) Codificação do Espiritismo

Como sempre, na Codificação da Doutrina dos Espíritos também se encontram notícias claras sobre os grandes fatos relativos à Humanidade. Quanto ao porvir, Kardec registrou:

Em *O evangelho segundo o espiritismo,* capítulo 20, no item 5, intitulado "Os obreiros do Senhor", o Espírito de Verdade preconizou:

> Aproxima-se o tempo em que se cumprirão as coisas anunciadas para a transformação da Humanidade. Ditosos serão os que houverem trabalhado no campo do Senhor [...]. Mas ai daqueles que, por efeito das suas dissensões, houverem retardado a hora da colheita, pois a tempestade virá e eles serão levados no turbilhão![...]

Em *A gênese,* capítulo 17, item 63, Kardec analisa: "Tendo que reinar na Terra o bem, necessário é sejam dela excluídos os Espíritos endurecidos no mal e que possam acarretar-lhe perturbações [...]".

A Humanidade presencia, há tempos, grandes catástrofes naturais, retirando milhares de Espíritos do cenário encarnado. Pela Lei de Causa e Efeito, não padece dúvidas de que tais irmãos estão quitando pesados débitos, contraídos, talvez, nas brumas do tempo. Outras catástrofes continuarão a ocorrer no cenário geográfico mundial, posto que os continentes apoiam-se em camadas da crosta terrestre (placas litosféricas rígidas, vulgarmente chamadas de placas tectônicas), havendo certeza científica de que onde hoje é terra, já foi mar...

\* \* \*

O que pretendi nesse trabalho, foi justamente enfocar o grande papel que aguarda a Engenharia Genética na Terra regenerada — praza aos Céus que ainda neste milênio!

Imaginemos, por hipótese, bem provável, se de futuro houver cataclismos de ordem mundial, desorganizando as nações, ceifando grande parte da população terrena: nesse eventual palco de desolação, um dos meios mais importantes de sobrevivência talvez venha a ser o emprego dos recursos agrícolas e medicinais da Biologia molecular, possibilitando continuidade de vida humana.

Por isso, manter a fé no Criador é preciso, devendo preponderar, permanentemente, o amor ao próximo. Claro que o Pai não criaria o lar terreno, nele situando seus filhos, para esmagá-los, se mal comportados. A grande separação terá palco na pátria dos Espíritos, onde o Meigo Pastor encaminhará as ovelhas aos apriscos mais adequados à sua evolução.

Estando com o Filho do Homem, nada haverá a temer, até porque Ele é nosso irmão e nos ama.

VEJO A MÃO DE DEUS NA GENÉTICA!

# REFERÊNCIAS

a) ESPIRITISMO

KARDEC, Allan. *O livro dos espíritos*. Trad. Guillon Ribeiro. (Edição Histórica). 93. ed. 9. imp. Brasília: FEB, 2019.

_____. *O evangelho segundo o espiritismo*. Trad. Guillon Ribeiro. (Edição Histórica).131. ed. 14. imp. Brasília: FEB, 2019.

_____. *A gênese*. Trad. Guillon Ribeiro. 53. ed. 9. imp. (Edição Histórica). Brasília: FEB, 2020.

_____. *Obras póstumas*. Trad. Guillon Ribeiro. 41. ed. 1. imp. (Edição Histórica).Brasília: FEB, 2020.

KÜHL, Eurípedes. *Genética... Além da Biologia*. Belo Horizonte, MG: Fonte Viva, 2004.

MIRANDA, Hermínio Correia de. *Reencarnação e imortalidade*. 6. ed. Rio de Janeiro: FEB, 2010.

PASTORINO, Carlos Torres. *Técnica da mediunidade*. 2. ed. Rio de Janeiro: Sabedoria, 1973.

PEREIRA, Yvonne do Amaral. *Memórias de um suicida*. Pelo Espírito Camilo Cândido Botelho. 27. ed. 13. imp. Brasília: FEB, 2020.

SANTOS, Jorge Andréa dos. *Paligênese, a grande lei*. 2. ed. Rio de Janeiro: Caminho da Libertação, 1980.

XAVIER, Francisco Cândido. *Ação e reação*. Pelo Espírito André Luiz. 30. ed. 13. imp. Brasília: FEB, 2020.

_____. *A caminho da luz*. Pelo Espírito Emmanuel. 38. ed. 13. imp. Brasília: FEB, 2020.

_____. *Entre a terra e o céu*. Pelo Espírito André Luiz. 27. ed. 11. imp. Brasília: FEB, 2020.

_____. *Missionários da luz*. Pelo Espírito André Luiz. 45. ed. 13. imp. Brasília: FEB, 2020.

_____. *Nosso lar*. Pelo Espírito André Luiz. 45. ed. 15. imp. Brasília: FEB, 2020.

_____. *O consolador*. Pelo Espírito Emmanuel. 29. ed. 11. imp. Brasília: FEB, 2020.

XAVIER, Francisco Cândido; VIEIRA, Waldo. *Evolução em dois mundos*. Pelo Espírito André Luiz. 27. ed. 13. imp. Brasília: FEB, 2020.

**b) DIVERSOS**

BENDIT, L. J.; PHOEBE D. *O corpo etérico do homem*. São Paulo: Pensamento, 1977.

*A CIDADE*, Ribeirão Preto, São Paulo (periódico).

*Folha de S. Paulo*, São Paulo.

JINARAJADASA, C. *Fundamentos da teosofia*. 4. ed. em português. São Paulo: Pensamento, 1970.

Jornais diários (datas citadas).

POWELL, Arthur E. *O corpo mental*. São Paulo: Pensamento, 1967.

*Revista Veja*, Abril, São Paulo/SP (números citados).

*Revista USP* nº 24, Universidade de S. Paulo, dez. 94 a fev. 95.

*Wikipédia* – a enciclopédia livre da internet.

| ESPIRITISMO E GENÉTICA | | | | |
|---|---|---|---|---|
| EDIÇÃO | IMPRESSÃO | ANO | TIRAGEM | FORMATO |
| 1 | 1 | 1996 | 5.000 | 13x18 |
| 2 | 1 | 1997 | 10.000 | 13x18 |
| 3 | 1 | 2005 | 500 | 12x18 |
| 4 | 1 | 2015 | 3.000 | 16x23 |
| 4 | 2 | 2020 | 100 | 16x23 |
| 4 | POD* | 2021 | POD | 16x23 |
| 4 | IPT** | 2022 | 50 | 15,5x23 |
| 4 | IPT | 2023 | 100 | 15,5x23 |
| 4 | ITP | 2024 | 50 | 15,5x23 |
| 4 | ITP | 2024 | 100 | 15,5x23 |
| 4 | ITP | 2024 | 100 | 15,5x23 |

*Impressão por demanda
**Impressão pequenas tiragens

# O EVANGELHO NO LAR

*Quando o ensinamento do Mestre vibra entre quatro paredes de um templo doméstico, os pequeninos sacrifícios tecem a felicidade comum.*[1]

Quando entendemos a importância do estudo do Evangelho de Jesus, como diretriz ao aprimoramento moral, compreendemos que o primeiro local para esse estudo e vivência de seus ensinos é o próprio lar.

É no reduto doméstico, assim como fazia Jesus, no lar que o acolhia, a casa de Pedro, que as primeiras lições do Evangelho devem ser lidas, sentidas e vivenciadas.

O espírita compreende que sua missão no mundo principia no reduto doméstico, em sua casa, por meio do estudo do Evangelho de Jesus no Lar.

Então, como fazer?

Converse com todos que residem com você sobre a importância desse estudo, para que, em família, possam compreender melhor os ensinamentos cristãos, a partir de um momento de união fraterna, que se desenvolverá de maneira harmônica e respeitosa. Explique que as reflexões conjuntas acerca do Evangelho permitirão manter o ambiente da casa espiritualmente saneado, por meio de sentimentos e pensamentos elevados, favorecendo a presença e a influência de Mensageiros do Bem; explique, também, que esse momento facilitará, em sua residência, a recepção do amparo espiritual, já que auxilia na manutenção de elevado padrão vibratório no ambiente e em cada um que ali vive.

Convide sua família, quem mora com você, para participar. Se mora sozinho, defina para você esse momento precioso de estudo e reflexões. Lembre-se de que, espiritualmente, sempre estamos acompanhados.

Escolha, na semana, um dia e horário em que todos possam estar presentes.

O tempo médio para a realização do Evangelho no Lar costuma ser de trinta minutos.

---

[1] XAVIER, Francisco Cândido. Luz no lar. Por Espíritos diversos. 12. ed., 7. imp. Brasília: FEB, 2018. Cap. 1.

As crianças são bem-vindas e, se houver visitantes em casa, eles também podem ser convidados a participar. Se não forem espíritas, apenas explique a eles a finalidade e importância daquele momento.

O seguinte roteiro pode ser utilizado como sugestão:

1. Preparação: Leitura de mensagem breve, sem comentários;
2. Início: Prece simples e espontânea;
3. Leitura: O evangelho segundo o espiritismo (um ou dois itens, por estudo, desde o prefácio);
4. Comentários: breves, com a participação dos presentes, evidenciando o ensino moral aplicado às situações do dia a dia;
5. Vibrações: pela fraternidade, paz e pelo equilíbrio entre os povos; pelos governantes; pela vivência do Evangelho de Jesus em todos os lares; pelo próprio lar...
6. Pedidos: por amigos, parentes, pessoas que estão necessitando de ajuda...
7. Encerramento: prece simples, sincera, agradecendo a Deus, a Jesus, aos amigos espirituais.

As seguintes obras podem ser utilizadas nesse momento tão especial:

- O evangelho segundo o espiritismo, como obra básica;
- Caminho, verdade e vida; Pão nosso; Vinha de luz; Fonte viva; Agenda cristã.

Esse momento no lar não se trata de reunião mediúnica e, portanto, qualquer ideia advinda pela via da intuição deve permanecer como comentário geral, a ser dito de maneira simples, no momento oportuno.

No estudo do Evangelho de Jesus no Lar, a fé e a perseverança são diretrizes ao aprimoramento moral de todos os envolvidos.

**FEB editora**
Livro espírita para um novo mundo
www.febeditora.com.br
@febeditoraoficial
@febeditora

Conselho editorial:
*Carlos Roberto Campetti*
*Cirne Ferreira de Araújo*
*Evandro Noleto Bezerra*
*Geraldo Campetti Sobrinho – Coord. Editorial*
*Jorge Godinho Barreto Nery – Presidente*
*Maria de Lourdes Pereira de Oliveira*
*Miriam Lúcia Herrera Masotti Dusi*

Produção editorial:
*Elizabete de Jesus Moreira*

Revisão:
*Jorge Leite*

Capa, projeto gráfico e diagramação:
*Rones José Silvano de Lima – instagram.com/bookebooks_designer*

Foto de capa:
*www.istockphoto.com/TonisPan*
*www.istockphoto.com/kirstypargeter*

Normalização técnica:
*Biblioteca de Obras Raras e Documentos Patrimoniais do Livro*

Esta edição foi impressa no sistema de Impressão pequenas tiragens, em formato fechado de 155x230 mm e com mancha de 120x190 mm. Os papéis utilizados foram o Off white 80 g/m² para o miolo e o Cartão 250 g/m² para a capa. O texto principal foi composto em fonte Adobe Garamond 12/15 e os títulos em Futura Lt BT 27/25. Impresso no Brasil. *Presita en Brazilo.*